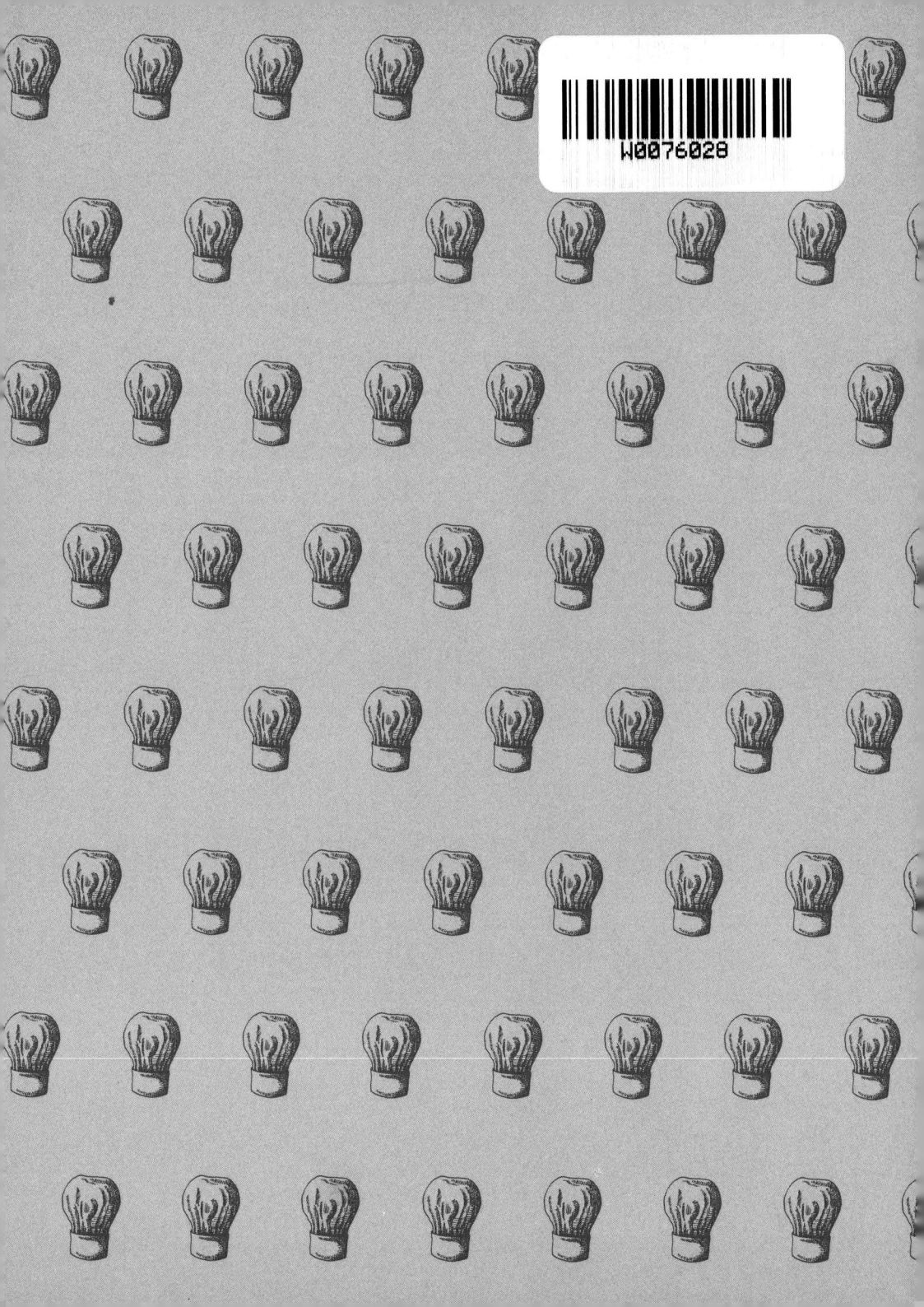

Die besten Rezepte aus Großmutters Küche

Zusammengestellt und bearbeitet
von Ulla Jacobs

ORBIS VERLAG

Inhalt

Vorwort

Großmutters Rezepte sind nicht nur beliebte Evergreens, die uns an unsere Kindheit oder Jugend erinnern, sondern sie sind auch zu Klassikern unserer Küchentradition geworden. Viele Rezepte sind für eine bestimmte Region typisch, z. B. der bayerische Schweinsbraten mit Kruste oder der Sauerbraten, der im Rheinland so gern gegessen wird. Eine große Anzahl Rezepte sind jedoch im ganzen Land beliebt, auch wenn die Rezeptnamen variieren. Ein besonderes Beispiel sind z. B. die Reibeplätzchen, die auch Reiberdatschi, Rievkooche, Riwekauken usw. heißen. Hinter der Bezeichnung Kartäuserklöße bzw. Verwendbrot verbergen sich die beliebten Armen Ritter. Und was dem einen die Kohlrouladen sind, sind dem anderen die Krautwickel. Kennen Sie noch den Kalten Kekskuchen, auch Kellerkuchen, Kalte Schnauze oder Kalter Hund genannt? Das war der Lieblingskuchen bei Kindergeburtstagen. Der Steckrübeneintopf und die Graupensuppe erinnern den einen oder anderen sicher an Zeiten, als der deutsche Speisezettel nicht so üppig war. Wir wünschen Ihnen viel Spaß auf der kulinarischen Entdeckungsreise durch Großmutters Küche.

Suppen und Eintöpfe

Thüringer Linseneintopf süßsauer

Zutaten für 4 Personen

375 g Linsen
1 l Wasser
100 g fetter geräucherter
Speck
250 g Schweinebauch
2 Stangen Lauch
2 Möhren
1/4 Sellerieknolle
1 Zwiebel
4 Nelken
1 Lorbeerblatt
Salz
weißer Pfeffer
500 g Kartoffeln
400 g Thüringer Rotwurst
1 Eßlöffel Zucker
4 Eßlöffel Essig

Linsen am Vorabend in einem Sieb waschen und mit dem Wasser in einer Schüssel quellen lassen. Am nächsten Tag Speck fein würfeln. Schweinebauch kurz abspülen, trockentupfen und in 2 cm große Würfel schneiden. Lauch putzen, waschen, in Ringe schneiden. Möhren und Sellerie schälen, waschen und abtrocknen, Möhren in Scheiben, Sellerie in 1 cm große Würfel schneiden. Speck in einem großen Topf auslassen. Schweinebauch darin in 5 Minuten rundherum braun anbraten. Lauch, Möhren und Sellerie zugeben und auch 5 Minuten unter Rühren braten. Zwiebel schälen und mit Nelken und Lorbeerblatt spicken. Linsen mit dem Einweichwasser und der Zwiebel in den Topf geben. Mit Salz und Pfeffer würzen. Alles zugedeckt 45 Minuten bei schwacher Hitze kochen lassen.

Kartoffeln schälen, waschen und in 2 cm große Würfel schneiden. Nach 20 Minuten in den Topf geben. 10 Minuten vor Ende der Garzeit die enthäutete und in Stücke geschnittene Wurst in dem Eintopf erhitzen. Den Eintopf kräftig mit Salz, Pfeffer, Zucker und Essig abschmecken. In eine vorgewärmte Suppenschüssel geben und sofort servieren.

Altbayrisches Pichelsteiner

Pichelsteiner wird in der klassischen Küche auch Büchelsteiner genannt. Und damit kommen wir dem Namen näher: Dieser für Bayern an sich untypische Eintopf soll seinen Namen nämlich nach dem Berg Büchelstein in der Nähe der niederbayerischen Stadt Regen haben.

Ochsenmark kurz unter kaltem Wasser abspülen, mit Haushaltspapier trockentupfen und in Scheiben schneiden. Rind-, Hammel- und Schweinefleisch auch abspülen und trocknen. In etwa 3 cm große Würfel schneiden.
Zwiebeln schälen und in Ringe schneiden. Möhren, Sellerie und Kartoffeln schälen, waschen und abtropfen lassen. Möhren in Scheiben, Sellerie in etwa 2 cm große, Kartoffeln in etwa 3 cm große Würfel schneiden. Lauch putzen, waschen, abtropfen lassen und in Ringe schneiden. Weißkohl putzen, vierteln, unter kaltem Wasser abbrausen, abtropfen lassen und hobeln oder in dünne Streifen schneiden. Strunk wegwerfen.
Einen großen Topf mit Markscheiben auslegen. Fleisch und Gemüse abwechselnd schichtweise in den Topf füllen. Die letzte Schicht: Gemüse.
Jede Schicht mit Salz, Pfeffer, Kümmel und Majoran bestreuen. Wasser drübergießen. Zum Kochen bringen. Zugedeckt 1 1/2 Stunden bei schwacher Hitze kochen lassen. Nicht umrühren. Petersilie fein hacken.
Pichelsteiner in eine Terrine füllen. Mit Petersilie bestreuen und sofort servieren.
Beilage: Frisches Landbrot und als Getränk Bier.

Zutaten für 6 Personen

50 g Ochsenmark
200 g Rindfleisch zum Kochen (Hochrippe)
200 g Hammelkeule
200 g Schweinefleisch vom Bug
3 Zwiebeln
350 g Möhren
25 g Sellerieknolle
350 g Kartoffeln
200 g Lauch
650 g Weißkohl
Salz
schwarzer Pfeffer
1 Teelöffel Kümmel
1 Teelöffel getrockneter zerriebener Majoran
1/2 l Wasser
1 Bund Petersilie

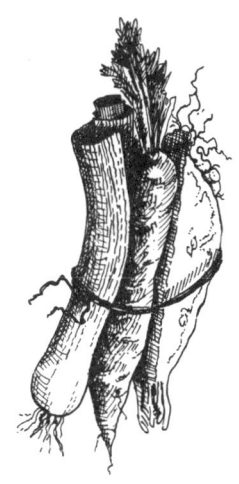

Hamburger Muschelsuppe

Zutaten für 4 Personen

2 kg Miesmuscheln
Saft einer Zitrone
$1/4$ l Weißwein
Salz
125 g Bauchspeck
3 große Zwiebeln
2 Tomaten
2 Bund Petersilie
$1/4$ Sellerieknolle
1 Zweig frischer oder
1 Messerspitze getrockneter
Thymian
$1/2$ Lorbeerblatt
$1/2$ l heiße Fleischbrühe
50 g Butter
2 Eßlöffel Mehl
$1/4$ l Sahne
Paprika rosenscharf

Muscheln unter kaltem Wasser kräftig bürsten. Geschlossene Muscheln (geöffnete aussortieren) in einen hohen Topf geben. Zitronensaft und Weißwein dazugießen. Salzen. Aufkochen. Dabei öffnen sich die Muscheln, die man noch 10 Minuten kocht. Muscheln rausnehmen. Brühe aufheben. Muschelfleisch aus den Schalen lösen. Mit einer leeren Muschelschale die Bärte (dunkle Streifen) greifen und abziehen. Muschelfleisch warm stellen.

Bauchspeck und die geschälten Zwiebeln würfeln. Tomaten mit kochendheißem Wasser übergießen. Haut abziehen. Stengelansätze rausschneiden. Petersilie waschen. Mit Haushaltspapier trockentupfen und fein hacken. Sellerie schälen, waschen, trockentupfen und in feine Streifchen schneiden. Bauchspeck in einem Topf auslassen. Zwiebelwürfel 10 Minuten darin rösten. Tomaten, Petersilie und Selleriestreifen dazugeben. Thymian und das Lorbeerblatt zufügen. Heiße Muschel- und Fleischbrühe zugießen. 30 Minuten leise kochen lassen. Durch ein Sieb passieren. Wieder zum Kochen bringen.

In der Zwischenzeit Butter und Mehl verkneten. Unter Rühren in die Suppe geben. 5 Minuten kochen lassen. Hin und wieder umrühren, damit sie nicht anbrennt. Topf von der Kochstelle nehmen. Sahne einrühren und das Muschelfleisch wieder reingeben. Mit Paprika (eventuell auch mit Salz) abschmecken.

Grießnockerlsuppe

Fleischbrühe mit Grießnockerln ist eine sehr beliebte bayrische Vorsuppe. Sie sollten sie, wenn Ihre Familie sie noch nicht kennt, unbedingt ausprobieren.

Für die Nockerln Butter schaumig rühren. Grieß und Ei mit Salz, Pfeffer und Majoran reinarbeiten. Gut mischen. 15 Minuten ruhen lassen. Noch mal abschmecken.
Inzwischen Schnittlauch waschen und zerkleinern. Brühe erhitzen. Aus dem Teig mit zwei Teelöffeln kleine Nockerln abstechen. In die kochende Brühe geben. Hitze reduzieren und die Klöße 20 Minuten ziehen lassen. Mit Schnittlauch bestreuen und in sechs Suppentassen portionsweise servieren.

Zutaten für 6 Personen

Für die Nockerln:
30 g Butter
65 g Grieß
1 Ei
Salz
Pfeffer
1 Prise Majoran
Für die Suppe:
$1/2$ Bund Schnittlauch
$1^1/2$ l Fleischbrühe
(möglichst selbstgemacht)

Rindfleischsuppe mit Kräuterflädle

Zutaten für 4 Personen

1¹/₂ l klare Rindfleischbrühe
(selbstgemacht oder aus
Würfeln)
Kräuterflädle:
60 g Mehl
1 Prise Salz
4 Eier
¹/₈ l Milch
1 Eßlöffel zerlassene Butter
2 Eßlöffel feingewiegte
Kräuter
(Dill, Kerbel, Petersilie, einige
Blättchen Estragon)
Butter und Öl zum Braten

Die Fleischbrühe erhitzen und zur Seite stellen.

Für die Flädle Mehl und Salz in eine Schüssel geben und mit den Eiern verrühren. Die Milch unter Weiterrühren hinzufügen und zum Schluß die flüssige Butter zugeben. Den Teig mindestens 20 Minuten stehen lassen. Die Kräuter erst vor dem Braten der Flädle wiegen und an den Teig geben.

In einer beschichteten Pfanne Fett erhitzen und wenig Teig hineingießen. Den Teig unter Schwenken der Pfanne nach allen Seiten verteilen und von beiden Seiten goldgelb braten. Aufrollen und in Streifen schneiden.

Die Rindfleischbrühe erneut erhitzen und die Flädle kurz vor dem Servieren einige Minuten zum Aufwärmen hineingeben.

Die Flädle werden besonders zart, wenn man den Teig 1 Stunde ausquellen läßt, bevor die Flädle gebacken werden.

Löffelerbsen mit Speck

D ie Berliner Küche rund um das alte Berlin-Kölln hat nie behauptet, sie sei fein. Aber sie war immer deftig. Zu den besonders deftigen Gerichten gehörten die Löffelerbsen. Wahrscheinlich werden sie so genannt, weil man sie ohne größere Umstände mit dem Löffel zum Mund befördern kann. Daß die Berliner Küche trotz allem nicht so ganz ohne ist, beweist folgendes: Berliner Erbsengerichte haben Heinrich Heine zu einem Liebesgedicht inspiriert.

Erbsen über Nacht in dem kalten Wasser in einem Topf einweichen. Anschließend in dem Einweichwasser aufkochen. Speck, Majoran und das Lorbeerblatt reingeben und zugedeckt etwa 90 Minuten leicht kochen lassen.
In der Zwischenzeit Zwiebeln, Möhren und Kartoffeln schälen. Lauch längs halbieren und alles gut waschen. Abtropfen lassen. Das Gemüse in 2 cm große Würfel oder dünne Streifen schneiden. Margarine in einem Topf erhitzen. Das Gemüse und die Kartoffeln darin 5 Minuten andünsten. Speck aus den Erbsen nehmen. Das Gemüse 30 Minuten vor Ende der Garzeit zugeben. Speck in der Zwischenzeit in 3 cm große Würfel schneiden und wieder zu den Erbsen geben. Eventuell mit Salz abschmecken. Das Lorbeerblatt entfernen. Petersilie abspülen, trockentupfen und fein hacken. Vor dem Servieren drüberstreuen.
Beilage: Bauernbrot oder Brötchen.

Zutaten für 4 Personen

375 g gelbe ungeschälte Erbsen
2 l Wasser
250 g durchwachsener Speck
1 Teelöffel Majoran
1 Lorbeerblatt
2 Zwiebeln
2 Möhren
2 Kartoffeln
1 Stange Lauch
1 Eßlöffel Margarine
Salz
1 Bund Petersilie

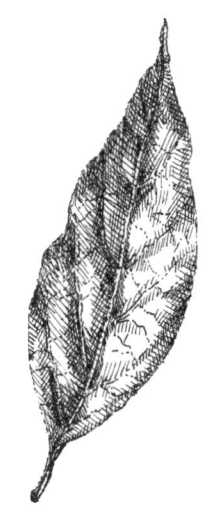

Maultaschensuppe

Zutaten für 4 Personen

Für den Teig:
500 g Mehl
4 Eier
1 Eiweiß
Salz
Für die Füllung:
2 Frühlingszwiebeln mit Grün
100 g durchwachsener Speck
4 Brötchen vom Vortag
$1/2$ Bund Petersilie
250 g gekochter Blattspinat
50 g roher Spinat
3 Eier
300 g feine Bratwurstfülle
oder Kalbsbrät
Salz
abgeriebene Muskatnuß
Außerdem:
2 l selbstgemachte
Fleischbrühe

Die aufwendig herzustellende Maultaschen-suppe wird im „Ländle" gerne an Festtagen oder bei Familienfeiern als Vorsuppe serviert. Diese Maultaschenversion mit Spinat-Brät-Füllung hat in vielen Familien Tradition.

Mehl auf ein Backbrett häufen, in die Mitte eine Vertiefung machen und die Eier und das Salz hin-eingeben. Von außen nach innen einen glatten Nudelteig kneten. Den Teig zu einer Rolle formen und zugedeckt $1/2$ Stunde ruhen lassen. Die Rolle in dünne, gleich dicke Stücke schneiden und diese zu hauchdünnen Rechtecken ausrollen.
Während der Teig ruht, die Füllung zubereiten. Die geputzten Zwiebeln mit Grün in feine Ringe schnei-den, den Speck in feine Streifen. Die Brötchen in lauwarmem Wasser einweichen und ausdrücken. Speck in einer Pfanne bei mäßiger Hitze andünsten und die Zwiebelringe darin anschwitzen.
Petersilie, gekochten und rohen Spinat mit den Brötchen durch die feine Scheibe des Fleisch-wolfes drehen. Mit den Eiern und der Bratwurst-fülle oder dem Brät vermengen und die Farce mit Salz und Muskat abschmecken.
Auf jedes Teigrechteck einen Kaffeelöffel Füllung geben, die Teigecken einschlagen und die oberen Enden mit Eiweiß bestreichen. Die Fleischbrühe zum Kochen bringen und die Maultaschen 10–12 Minuten darin ziehen lassen. Sobald sie an der Oberfläche schwimmen, ist die Suppe servierfähig.

Badische Kartoffelsuppe

Kartoffeln schälen und waschen. In einer Schüssel mit Wasser bedeckt beiseite stellen.
Zwiebeln schälen und hacken. Lauch putzen, unter fließendem Wasser abspülen, abtropfen lassen und in Ringe schneiden. Speck klein würfeln und in einem Topf auslassen. Zwiebeln und Lauch reingeben und in 5 Minuten glasig braten. Fleischbrühe drübergießen. Mit Salz und Pfeffer würzen. Kartoffeln abtropfen lassen und in 2 cm große Würfel schneiden. In die Brühe geben. Möhre schälen, unter fließendem Wasser abspülen. In $1/2$ cm dicke, 2 cm lange Stifte schneiden.

Zutaten für 4 Personen

750 g Kartoffeln
2 Zwiebeln
1 Stange Lauch
50 g geräucherter fetter Speck
1 l heiße Fleischbrühe (selbst-gekocht oder aus Würfeln)
Salz
weißer Pfeffer
1 Möhre
1 l Wasser
75 g durchwachsenen Speck
1 Bund Schnittlauch

In die Suppe geben. Alles zugedeckt 45 Minuten kochen lassen.
Den Speck in kleine Würfel schneiden und in einer Pfanne knusprig braten. Schnittlauch abspülen, mit Haushaltspapier trockentupfen und sehr fein schneiden. Suppe in Suppentellern anrichten. Mit Speckwürfeln und Schnittlauch bestreuen.

Zwiebelsuppe

Zutaten für 4 Personen

500 g Zwiebeln
40 g Butter oder Margarine
15 g Mehl
1 l heiße Fleischbrühe
Salz
weißer Pfeffer
Außerdem:
2 Scheiben Toastbrot
20 g Butter oder Margarine
je ¹/₂ Bund Petersilie
und Schnittlauch

Nicht nur auf dem Weimarer Zwiebelmarkt kann man eine gute Zwiebelsuppe essen. Auch in den privaten Haushalten gibt es köstliche Suppen. Diese werden häufig süßsauer abgeschmeckt und mit geräucherten Würstchen serviert.

Zwiebeln schälen und in 2 mm breite Ringe schneiden. Butter oder Margarine in einem Topf erhitzen. Zwiebelringe in 3 Minuten darin glasig braten. Mehl drüberstreuen. Unter Rühren 1 Minute durchschwitzen. Dann die heiße Fleischbrühe zugießen. Mit Salz und Pfeffer würzen. 20 Minuten kochen lassen.
In der Zwischenzeit Toastbrotscheiben entrinden und in 1 cm große Würfel schneiden. Butter oder Margarine in einer Pfanne erhitzen. Brotwürfel darin rundherum in 5 Minuten goldgelb rösten. Pfanne vom Herd nehmen. Petersilie und Schnittlauch unter kaltem Wasser abspülen und trockentupfen. Petersilie hacken, Schnittlauch fein schneiden.
Suppe in einer vorgewärmten Terrine anrichten. Mit Brotwürfeln und gehackten Kräutern bestreuen und sofort servieren.
Wann reichen? Als Vorspeise, als leichtes Abendessen mit belegten Broten hinterher oder als Mitternachtssuppe.

 Sie können die Suppe zusätzlich noch mit geriebenem Käse bestreuen.

Steckrübeneintopf

Steckrüben (Kohlrüben) haben aus Kriegs- und Nachkriegszeiten einen schlechten Ruf. Aber unverdient. Denn Kohl- oder Steckrüben (norddeutsch und ostpreußisch Wruken) schmecken pikant. Vorausgesetzt, sie werden richtig zubereitet. Die dicken, schweren Knollen mit der bräunlichen Außenschale und dem gelblichen Fleisch wiegen durchschnittlich 1 kg.

Kohlrübe schälen, waschen und in Stifte schneiden. Zwiebeln schälen, grob hacken. Margarine in einem Topf erhitzen. Zwiebeln darin in 3 Minuten gelb braten. Mehl drüberstreuen und eine Minute durchschwitzen. Mit Fleischbrühe auffüllen, durchrühren, aufkochen lassen. Kohlrübe, Schweinebauch und Lorbeerblatt reingeben. 20 Minuten bei kleiner Hitze kochen.
In der Zwischenzeit Kartoffeln waschen, schälen und wie die Kohlrübe in Stifte schneiden. In den Topf geben. Weitere 25 Minuten garen. Zuletzt mit Salz, Pfeffer und Muskat abschmecken.
Schweinebauch aus dem Topf nehmen und in Scheiben schneiden. Gemüse in einer Schüssel anrichten. Mit den Schweinebauchscheiben belegen. Mit Petersilie bestreut servieren.
Beilage: Bauernbrot.

Zutaten für 4 Personen

1 Kohlrübe (Steckrübe) von
ca. 1 kg
2 Zwiebeln
20 g Margarine
15 g Mehl
3/4 l heiße Fleischbrühe
400 g frischer Schweinebauch
1 Lorbeerblatt
500 g Kartoffeln
Salz
weißer Pfeffer
geriebene Muskatnuß
1/2 Bund Petersilie

Statt Schweinebauch können Sie auch mal Hammelfleisch nehmen.

Graupensuppe mit Pökelrippchen

Zutaten für 4 Personen

750 g Pökelrippchen
2 l Wasser
150 g feine Graupen
1 l Wasser
200 g Kartoffeln
1/2 Sellerieknolle
1 Petersilienwurzel
2 Stangen Lauch
250 g Möhren
2 Zwiebeln
1 Bund Petersilie

Graupensuppe weckt Erinnerungen an die Nachkriegsküche. Denn nicht nur in Berlin wurde Graupensuppe gekocht. Hier wurde sie aber bevorzugt mit Pökelrippchen zubereitet. Graupen sind geschälte Gerstenkörner und als Perlgraupen im Handel erhältlich.

Pökelrippchen in 2 l kaltem Wasser in einem Topf aufkochen. Dann bei mittlerer Hitze 60 Minuten leise kochen lassen.
In der Zwischenzeit Graupen mit kaltem Wasser in einem anderen Topf ansetzen. Aufkochen, auf ein Sieb geben und mit kaltem Wasser abbrausen. Zu den Pökelrippchen geben und mitkochen lassen.
Kartoffeln, Sellerie, Petersilienwurzel, Lauch und Möhren putzen, waschen und in kleine Würfel schneiden. Zwiebeln schälen. Auch kleinschneiden. Alles, außer dem Lauch, 20 Minuten vor Ende der Garzeit in die Suppe geben. Lauch 5 Minuten vorher, sonst zerkocht er.
Petersilie waschen, trockentupfen und fein hacken. Pökelrippchen aus der Suppe nehmen. Knochen rauslösen, Fleisch kleinschneiden und mit der Petersilie wieder in die Suppe geben. Oder Suppe und Pökelrippchen getrennt servieren.

Schlesisches Himmelreich

Dieses Gericht schmeckt den Berlinern so gut, daß sie es in ihr Kochrepertoire aufgenommen haben: „Wer das Himmelreich nicht kennt, der hat umsonst gelebt". sagen die Schlesier. Damit ist die ungewöhnliche Mischung von Backobst, magerem Speck oder Rauchfleisch und Klößchen gemeint, die jedem Schlesier himmlischen Genuß bereitet. Wie bei allen bekannten Landesgerichten gibt es auch hier Abwandlungen. Viele schwören darauf, daß man zum Himmelreich Semmelklöße reicht, andere behaupten, es müßten Kartoffelklöße sein. Wir empfehlen zarte Hefeklöße.

Backobst mit kaltem Wasser in einer Schüssel oder einem Sieb gründlich waschen. Mit $1/2$ l Wasser in eine Schüssel geben und über Nacht einweichen. $1/2$ l Wasser in einem Topf aufkochen. Salzen. Durchwachsenen Speck oder Rauchfleisch reingeben. 45 Minuten bei mittlerer Hitze kochen. Abgetropftes Backobst, Zucker, Zimt und Zitronensaft dazugeben. Aufkochen und bei schwacher Hitze weitere 30 Minuten garen. Speisestärke mit etwas kaltem Wasser in einem Becher anrühren. In die Soße geben, aufkochen. Das Gericht abschmecken. Fleisch rausnehmen. In Scheiben schneiden. Backobst in eine Schüssel geben. Fleischscheiben darauf anrichten.
Beilagen: Hefe-, Semmel-, oder Kartoffelklöße, die man zusätzlich mit zerlassener Butter begießen kann. Dazu schmeckt am besten ein Bier. Und vorweg empfehlen wir zur besseren Bekömmlichkeit einen Korn.

Zutaten für 4 Personen

250 g gemischtes Backobst
$1/2$ l Wasser zum Einweichen
$1/2$ l Wasser
Salz
400 g geräucherter magerer Speck
oder Rauchfleisch
1 Eßlöffel Zucker
$1/2$ Teelöffel Zimt
1 Teelöffel Zitronensaft
1 Eßlöffel Speisestärke

Weißkohleintopf

Zutaten für 4 Personen

1 Kopf Weißkohl (750 g)
500 g Kartoffeln
1 l heiße Fleischbrühe
Salz
1 Teelöffel Kümmel
Außerdem:
200 g durchwachsener Speck
1 Zwiebel
250 g grobe Mettwurst

In der Gegend um Aachen liebt man deftige Eintöpfe. Typisch ist, daß über den fertigen Eintopf ausgebratene Speckwürfel gestreut werden. Bei diesem Weißkohleintopf kommen noch gebratene Zwiebelwürfel und Mettwurstscheiben hinzu.

Kohl putzen, vierteln. Den Strunk rausschneiden. Die Kohlviertel unter kaltem Wasser abspülen, abtropfen lassen. Kohl in Streifen schneiden oder hobeln. Kartoffeln schälen, waschen und in Scheiben schneiden.
Fleischbrühe, Kohl und Kartoffelscheiben in einen Topf geben. Mit Salz und Kümmel würzen. Zugedeckt 45 Minuten kochen. Gegen Ende der Kochzeit Speck und geschälte Zwiebel in Würfel schneiden. Speck in 3 Minuten in einer Pfanne glasig braten. Zwiebelwürfel reingeben und in 3 Minuten hellbraun braten. Von der Mettwurst die Haut abziehen. Wurst in Scheiben schneiden. In die Pfanne geben und 4 Minuten braten. Weißkohleintopf mit Salz abschmecken. In einer vorgewärmten Terrine anrichten. Speck- und Zwiebelwürfel und Wurstscheiben darauf verteilen.

Weiße Bohnensuppe

ohnen am Vorabend auf einem Sieb
waschen. In einer Schüssel mit dem Wasser
bedeckt über Nacht quellen lassen. Am nächsten
Tag Bohnen mit dem Einweichwasser in einem
großen Topf zum Kochen bringen und 45 Minuten
kochen lassen.

Suppengrün putzen, waschen, abtropfen lassen
und in Streifen schneiden. Nach 15 Minuten Kochzeit zu den Bohnen geben. Bohnen auf einem Sieb
abtropfen lassen. Kochbrühe auffangen und warm
stellen. Butter oder Margarine in einem Topf erhitzen. Mehl einstreuen. In 3 Minuten hellgelb
anschwitzen. Unter Rühren mit der Bohnenbrühe
auffüllen. 5 Minuten kochen lassen. Mit Salz,
Pfeffer und Paprika abschmecken. Bohnen in die
Suppe geben. Bei schwacher Hitze 10 Minuten
ziehen lassen.

In der Zwischenzeit den fein gewürfelten Speck in
einer Pfanne in 5 Minuten glasig braten. Zwiebel
schälen und würfeln. Im heißen Speckfett 3 Minuten braten.

Suppe in einer Terrine anrichten und mit den
Speck- und Zwiebelwürfeln übergießen. Sofort
servieren.

Auch Mettwürstchen werden häufig in der Boh-
nensuppe mitgekocht.

Zutaten für 4 Personen

200 g weiße Bohnen
2 l Wasser
2 Bund Suppengrün
40 g Butter oder Margarine
40 g Mehl
Salz
weißer Pfeffer
Paprika rosenscharf
75 g durchwachsener Speck
1 Zwiebel

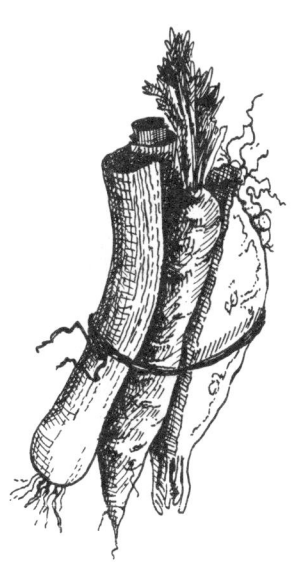

Kartoffel- und Gemüsegerichte

Krautwickel sächsisch

Zutaten für 4 Personen

1 Wirsing (ca. 1 kg)
1 l Fleischbrühe
1 Zwiebel
2 Eßlöffel Butter
500 g gemischtes Hackfleisch
1 Ei
1 Teelöffel Paprika edelsüß
1/2 Teelöffel Thymian
Pfeffer
Salz
1 Döschen Tomatenmark
150 g Crème fraîche
1/2 Teelöffel Oregano

In der ländlichen Küche kommen Kohlgerichte häufig auf den Tisch. In Sachsen werden die Graudwiggel (Krautwickel) auch in einer Mischung aus Honig und Öl angebraten. Das gibt einen feinen Geschmack.

Welke Blätter vom Kohl entfernen, die übrigen bis auf das faustgroße Herz lösen. Blätter und Herz gut waschen und 5 Minuten in siedender Fleischbrühe blanchieren.
Kohl herausnehmen und die Brühe leise einköcheln und reduzieren. Die Blätter für 8 Rouladen auf eine Arbeitsfläche verteilen und fächerförmig ausbreiten. Das Herz fein hacken.
Die Zwiebel schälen und fein hacken. Dann in einer großen Kasserolle in etwas heißer Butter glasig dünsten. In einer Schüssel Hackfleisch mit Zwiebel, verquirltem Ei, Paprika, Thymian, Pfeffer und Salz gut durchkneten und abschmecken. Anschließend den gehackten Kohl einarbeiten. Die Füllung auf die Kohlblätter verteilen, zu 8 Rouladen aufrollen und mit Küchengarn fixieren.
Die restliche Butter in der Kasserolle erhitzen und die Rouladen geschwind rundum anschmoren. Die reduzierte Brühe fingerhoch angießen, Deckel aufsetzen und bei 180–200 Grad 40 Minuten im Ofen garen.
Tomatenmark mit Crème fraîche, Oregano und wenigen Löffeln der stark reduzierten Brühe verquirlen. Den Deckel von der Kasserolle nehmen und die Sahnesoße über die Rouladen gießen.
Beilage: Dampfkartoffeln.

Warmer Kartoffelsalat

Kartoffeln abbürsten, in einem Topf mit Wasser bedeckt vom Kochen an in 30 Minuten garen. Abgießen, unter kaltem Wasser abschrecken und abziehen. Noch warm in Scheiben schneiden. In eine Schüssel geben und im heißen Wasserbad warm stellen. Mit Essig und Fleischbrühe begießen.

Zwiebel schälen und fein hacken. Über die Kartoffeln streuen.

Speck würfeln. Öl in einer Pfanne erhitzen. Speck darin goldgelb braten. Mit Salz, Pfeffer und Zucker würzen. Die heiße Specksoße über die Kartoffeln geben. Vorsichtig mischen. Den Salat dann im heißen Wasserbad 20 Minuten durchziehen lassen.

Inzwischen Petersilie, Dill und Schnittlauch unter kaltem Wasser abbrausen, trockentupfen und hacken. Vor dem Servieren über den Salat streuen.

Beilage zu gebratenem Karpfen, zu Fleischpflanzerl oder zu Spiegeleiern.

Zutaten für 4 Personen

1 kg speckige Kartoffeln
6 Eßlöffel Weinessig
$1/8$ l heiße Fleischbrühe
1 Zwiebel
125 g durchwachsener Speck
2 Eßlöffel Öl
Salz
schwarzer Pfeffer
1 Prise Zucker
je $1/2$ Bund Petersilie
Dill
und Schnittlauch

Rheinische Potthucke

Zutaten für 4 Personen

---

300 g rohe Kartoffeln
700 g gekochte Kartoffeln
(am besten Pellkartoffeln
vom Vortag)
4 Eier
Salz
100 g Sahne
Fett für die Form
50 g Butterflöckchen
Öl oder Butterschmalz
zum Braten

Rohe und gekochte Kartoffeln in eine Schüssel reiben. Eier, Salz und Sahne zufügen und alles gut verrühren. Eine Auflaufform einfetten und die Kartoffelmasse hineinfüllen. Butterflöckchen daraufsetzen. Die Form auf die mittlere Schiene des vorgeheizten Backofens schieben und etwa 50 Minuten bei 180–200 Grad backen. Nach dem Backen die Potthucke aus der Form stürzen und erkalten lassen.

In dicke Scheiben schneiden und in heißem Öl in einer Pfanne knusprig braten.

Leineweber

Zutaten für 4 Personen

---

8 große Pellkartoffeln
vom Vortag
1 Scheibe gekochter Schinken
(200 g)
4 Eßlöffel Mehl
8 Eßlöffel Wasser
4 Eier
Salz
Pfeffer
geriebene Muskatnuß
Margarine zum Backen

Kartoffeln pellen und in dicke Scheiben schneiden. Den Schinken in Würfel schneiden.

Das Mehl mit dem Wasser verrühren, bis eine dickliche Masse entstanden ist.

Eier hineinrühren, mit Salz, Pfeffer und Muskat würzen. Die Margarine in einer weiten Pfanne erhitzen. Die Kartoffelscheiben hineinlegen und mit dem Eierkuchenteig übergießen. Bei Mittelhitze von beiden Seiten goldbraun backen.

 Leineweber auch mal mit Kräutern und/oder Knoblauch verfeinern.

Rievkooche

Die Rheinländer behaupten, daß es bei ihnen die besten Kartoffelpuffer gibt. Natürlich heißen sie dort Reibekuchen, auf Kölsch Rievkooche, anderswo Riwekauken. Die Berliner behaupten von sich das gleiche. Sie geben Grieß oder Mehl rein. Klar, daß jeder auf seine Variation schwört. In Köln werden Rievkooche aber nicht nur zum Mittagessen serviert, sondern auch über die Straße verkauft und „op der Hand" gegessen.

Zutaten für 4 Personen

1,5 kg große Kartoffeln
2 Zwiebeln
3 Eier
Salz
1/4 l Öl zum Braten

Kartoffeln schälen und unter kaltem Wasser waschen. Mit Haushaltspapier abtrocknen. Auf der Reibe (feine Seite) in eine Schüssel reiben. Zwiebeln schälen und auch reiben. Mit den Eiern reinschlagen. Salzen und gut verrühren. Öl portionsweise in einer Pfanne erhitzen. Teig löffelweise reingeben. Zu glatten, kleinen, möglichst dünnen Fladen verstreichen. Auf jeder Seite in 3 Minuten goldbraun und knusprig backen. Rausnehmen. Öl abtropfen lassen. Sofort servieren.
Beilagen: Auch bei den Beilagen streiten sich die Experten. Viele machen es wie die Berliner und reichen Apfelmus und (oder) Preiselbeerkompott dazu. Apfelmus gibt's auch im Rheinland dazu. Außerdem Schwarzbrot mit Butter und starker schwarzer Kaffee. Aber Zuckerrübenkraut (Rübensaft) oder Apfelkraut sind genauso richtig wie frische Matjes mit grünen Bohnen und Zwiebelringen, die man im Ruhrgebiet zu Kartoffelpuffern serviert.

Pfifferlinge mit Speck und Zwiebeln

Zutaten für 4 Personen

1 kg Pfifferlinge
100 g geräucherter Speck
100 g Zwiebeln
50 g Butter
Salz
schwarzer Pfeffer
1/8 l heißes Wasser
10 g Mehl
je 1/2 Bund Petersilie und
Schnittlauch
1/4 Kästchen Kresse

Pfifferlinge putzen und mit kaltem Wasser gründlich abspülen. Auf einem Sieb abtropfen lassen. Große Pilze einmal durchschneiden. Speck in etwa 1/2 cm große Würfel schneiden. Zwiebeln schälen, auch fein würfeln. 40 g Butter im Topf erhitzen. Speck in die heiße Butter geben. 5 Minuten leicht rösten. Pfifferlinge und Zwiebeln dazugeben. Noch 5 Minuten braten. Mit Salz und frisch gemahlenem Pfeffer würzen. Wasser aufgießen. Deckel drauflegen. 10 Minuten dünsten lassen. In der Zwischenzeit restliche Butter mit Mehl verkneten. Zu den Pilzen geben. Unter vorsichtigem Rühren aufkochen lassen. Dann bei schwacher Hitze noch 5 Minuten kochen lassen. Petersilie, Schnittlauch und Kresse unter kaltem Wasser abspülen. Mit Haushaltspapier trockentupfen, fein hacken. Über die Pfifferlinge streuen. Locker unterheben. In einer vorgewärmten Schüssel sofort servieren.

Beilage: Kartoffelkroketten.

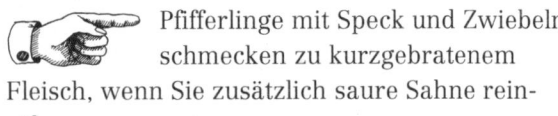

Pfifferlinge mit Speck und Zwiebeln schmecken zu kurzgebratenem Fleisch, wenn Sie zusätzlich saure Sahne reinrühren.

Röst- oder Bratkartoffeln

Die Kartoffeln waschen und in der Schale nicht zu weich dämpfen. Nach dem Kochen schälen und in gleichgroße Scheiben oder Würfel schneiden.

Schmalz in der Pfanne erhitzen und die gewürfelte Zwiebel darin glasig dünsten. Die Kartoffeln und die Gewürze dazugeben und unter Wenden mit einer Backschaufel knusprig braun braten. Dabei darauf achten, daß sie nicht anbrennen.

Vor dem Anrichten nochmals nachwürzen und nach Belieben mit gerebeltem Majoran oder gehackter Petersilie bestreuen.

Röstkartoffeln serviert man im Schwäbischen gerne zu sauren Kutteln oder Nieren. Sie schmecken aber auch, wenn sie zu Spiegeleiern oder einer kalten Sülze gereicht werden.

Zutaten für 4 Personen

1 kg festkochende Kartoffeln
2 Eßlöffel Schweineschmalz
oder Butterschmalz
1 Zwiebel
Salz, Pfeffer
Kümmel

Kastenpickert

Zutaten für 20 Stücke

1 kg Kartoffeln
500 g Mehl
50 g Hefe
3 Eßlöffel lauwarmes Wasser
5 Eier
Salz
Öl zum Einfetten
Semmelbrösel zum Bestreuen

Kastenpickert ist zwar westfälischen Ursprungs, hat aber auch im Rheinland viele Freunde. Manche Hausfrauen schwören darauf, daß Pickert erst dann richtig schmeckt, wenn er nach dem Backen 24 Stunden durchziehen konnte. Dann wird er in Butter gebraten oder auch ungebraten gereicht.

Kartoffeln schälen. In kaltem Wasser waschen. In eine Schüssel reiben. Auf ein Sieb geben und gut abtropfen lassen. Eine große Schüssel drunterstellen, um das Wasser und die Kartoffelstärke aufzufangen. 5 Minuten stehenlassen, damit sich die Stärke am Schüsselboden absetzen kann. Wasser vorsichtig abgießen.
Geriebene Kartoffeln und Mehl zufügen. Hefe mit dem Wasser in einer kleinen Schüssel oder einer Tasse verrühren. Das kommt auch in die Schüssel. Diesen Teig gut verrühren. Eier zugeben und kräftig schlagen. Mit Salz pikant würzen. Eine 30 cm lange Kastenform mit Öl einfetten und mit Semmelbröseln ausstreuen. Teig reingeben. Zugedeckt 30 Minuten aufgehen lassen. In den vorgeheizten Ofen auf die mittlere Schiene stellen. 120 Minuten bei 180 Grad backen.
Nach 60 Minuten die Form mit einem Blatt Pergamentpapier abdecken. Pickert rausnehmen. Mit einem Messer aus der Form lösen. Auf einem Kuchendraht abkühlen lassen. In 20 Stücke schneiden. Wann reichen? Mit Marmelade und Rübenkraut bestrichen als Frühstück. Oder in Butter gebraten und dann heiß servieren.

Himmel und Erde

Dieses schnelle Gericht ist Beilage zu gebrate-
ner Blutwurst (oder Leberwurst) mit Zwiebeln. Auf rheinisch heißt das Gericht Himmel und
Ääd mit Blotwoosch.

Kartoffeln schälen, waschen. In einem Topf mit
gesalzenem Wasser auf den Herd stellen. Vom
Kochen an in 20 Minuten garen. Abgießen.
Trockendämpfen. Noch heiß durch eine Presse in
einen Topf geben. Apfelmus zuschütten und die
Masse mit einem Schneebesen schaumig rühren.
Topf auf den Herd stellen. Masse bei geringer
Temperatur erhitzen. Zucker zugeben.
Geschälte Zwiebeln und den Speck fein würfeln.
Beides in einer Pfanne goldgelb braten. In die Kar-
toffel-Apfelmus-Masse rühren. Nach Geschmack
mit Essig würzen. Mit Salz abschmecken.

Zutaten für 4 Personen

750 g Kartoffeln
1 l Wasser
Salz
500 g Apfelmus
selbstgemacht oder
aus dem Glas
1 Teelöffel Zucker
2 Zwiebeln
125 g durchwachsener Speck
Essig nach Geschmack

Bohnen, Birnen und Speck

Zutaten für 4 Personen

---

800 g Brechbohnen
4 Scheiben Rauchfleisch oder
Schinkenspeck (à 150 g)
6 bis 8 kleine Kochbirnen
Thymian
Salz
Pfeffer aus der Mühle
2 Teelöffel Stärkemehl

Der „Gröne Hein" verbindet den Geschmack von grünen Bohnen, im Norden auch „Türkische Erbsen" genannt, mit demjenigen von Speck und Birnen. Am besten mundet dieser Eintopf, wenn die leicht säuerlichen Bergamottbirnen zur Verfügung stehen.

Die Bohnen waschen, entfädeln und in Stücke schneiden. Die Speckscheiben kurz in kochendes Wasser tauchen und abtupfen. Die Birnen waschen und unten einschneiden. Die Blütenansätze entfernen, die Stiele jedoch nicht.
Den Boden einer Kasserolle mit den Speckscheiben auslegen. Die Bohnen daraufgeben und mit einer guten Prise Thymian, Salz und Pfeffer würzen. Knapp mit Wasser bedeckt 15 Minuten bei mittlerer Hitze köcheln lassen.
Die Birnen auflegen und zugedeckt in weiteren 15 Minuten weich dünsten.
Die Kasserolle vom Herd nehmen. Die Flüssigkeit vorsichtig abgießen, mit Stärkemehl verquirlen, wieder über Bohnen, Birnen und Speck gießen und noch einmal rasch aufkochen.
Das Gericht in der Kasserolle auftragen.

Linsen mit Backpflaumen

An der Waterkant werden Linsen gern mit Backpflaumen zubereitet. Sie sollten dieses Rezept mal probieren. Es schmeckt ausgezeichnet.

Linsen am Vorabend in einem Sieb unter fließendem Wasser waschen. Mit der angegebenen Wassermenge in einem Topf einweichen. Backpflaumen ebenfalls in einer Schüssel mit Wasser übergießen und über Nacht stehenlassen.
Am nächsten Tag Linsen mit Einweichwasser und den abgespülten Schwarten in dem Topf zum Kochen bringen. Suppengrün putzen, waschen, abtropfen lassen, kleinschneiden und in den Topf geben. Linsen 45 Minuten bei schwacher Hitze garen. Backpflaumen in einem anderen Topf mit dem Einweichwasser 30 Minuten leise kochen lassen. Dann das Pflaumenwasser auf die Linsen gießen und alles noch 15–20 Minuten weiterköcheln. Linsen mit Salz, Pfeffer, Thymian, Weinessig und Zucker würzen. Schwarten rausnehmen. Inzwischen Speck würfeln. Zwiebeln schälen und hacken. Öl in einer Pfanne erhitzen. Speckwürfel darin in 3 Minuten anbraten. Gehackte Zwiebeln zufügen, in weiteren 3 Minuten goldgelb anrösten. Petersilie abbrausen, trockentupfen und hacken. Speck, Zwiebeln und Petersilie unter die Linsen mischen.
Linsen in einer vorgewärmten Schüssel anrichten. Mit Backpflaumen umlegen. Sofort servieren. Beilage: Rauch- oder Schinkenwürstchen und Salzkartoffeln.
Als Getränk: Bier. Und wegen der besseren Verträglichkeit gut gekühlten Korn.

Zutaten für 4 Personen

375 g Linsen
1 1/4 l Wasser
200 g Backpflaumen
1/2 l Wasser
einige Speck- oder Schinkenschwarten
1 Bund Suppengrün
Salz
schwarzer Pfeffer
1/2 Teelöffel Thymian
3 Eßlöffel Weinessig
1 Prise Zucker
75 g durchwachsener Speck
2 Zwiebeln
1 Eßlöffel Öl
1 Bund Petersilie

Leipziger Allerlei

Zutaten für 4 Personen

200 g Karotten (runde
Möhren, frisch
oder aus der Dose)
$^1/_2$ Blumenkohl (200 g)
250 g frischer Spargel
oder eine kleine Dose
Spargelspitzen
$^1/_4$ l Wasser
50 g Butter
Salz
1 Prise Zucker
300 g tiefgekühlte Erbsen
extra fein
$^1/_2$ Dose Morcheln (125 g)
30 g Mehl
geriebene Muskatnuß
50 g Krebsbutter
(fertig gekauft)
3 Eßlöffel Sahne
1 Bund Petersilie
1 kleine Dose Krebsfleisch
(165 g)

Diese sächsische Spezialität ist eine Leib- und Magenspeise der Berliner geworden. Leipziger Allerlei ist allgemein bekannt als ein Gemüsegemisch aus gewürfelten Möhren oder kleinen Karotten, Erbsen und Spargel, in Butter geschwenkt oder mit einer hellen Soße gebunden. Doch die klassische Zubereitungsart ist anders, sie ist so wie unser Rezept.

Frische Karotten und Blumenkohl putzen. Blumenkohl in Röschen teilen. Spargel dünn schälen. Gemüse in kaltem Wasser kurz waschen. Abtropfen.
Wasser mit 20 g Butter, Salz und Zucker in einem Topf aufkochen. Karotten reingeben. Blumenkohlröschen und Spargelstücke 5 Minuten später. 10 Minuten bei schwacher Hitze garen. Die unaufgetauten Erbsen zufügen. Weitere 10 Minuten garen. Gemüse auf einem Sieb gut abtropfen lassen. Das Gemüsewasser dabei auffangen.
Morcheln unter kaltem Wasser abwaschen, auf ein Sieb schütten, abtropfen lassen. Das Pilzwasser bitte auffangen.
Restliche Butter im Topf erhitzen. Mehl reinstreuen. Goldgelb anschwitzen. Unter Rühren Gemüse- und Pilzwasser angießen. 5 Minuten kochen. Mit geriebener Muskatnuß abschmecken. Krebsbutter unter Rühren in der Soße auflösen und Sahne zugeben. Gemüse und Morcheln reingeben. Heiß werden, aber nicht mehr kochen lassen. Leipziger Allerlei in einer vorgewärmten Schüssel anrichten.

Petersilie abbrausen, trockentupfen und hacken.
Drüberstreuen. Krebsfleisch abtropfen lassen.
Chitinstreifen entfernen. Krebsschwänze ganz
lassen. Leipziger Allerlei mit Krebsfleisch und
-schwänzen garniert sofort servieren.

 Falls Karotten oder Spargelspitzen
frisch nicht zu haben sind, verwen-
den Sie Konserven. Gemüse aus der Dose abtropfen lassen, zum Schluß reingeben und erwärmen.

Teltower Rübchen glasiert

Teltower Rübchen schälen, waschen und gut
abtropfen lassen. Butter oder Margarine in
einem Topf erhitzen. Zucker darin unter Rühren
schmelzen und in 2 Minuten hell karamelisieren
lassen. Langsam die heiße Fleischbrühe reinrühren. Mit Salz abschmecken.
Teltower Rübchen in den Sud geben und bei
kleiner Hitze 45 Minuten im offenen Topf dünsten,
bis die Flüssigkeit fast verdampft ist. Topf zwischendurch gelegentlich leicht schütteln, damit
alle Rübchen gleichmäßig glasiert werden.
Wozu reichen? Zu Entenbraten, Bratwurst oder
Schweinebraten mit Kartoffelpüree.

Zutaten für 4 Personen

800 g Teltower Rübchen
40 g Butter oder Margarine
40 g Zucker
$1/8$ l heiße Fleischbrühe
Salz

 Nach diesem Rezept können Sie auch
weiße Rübchen zubereiten.

Dicke Bohnen mit Speck

Zutaten für 4 Personen

2,5 kg frische große Bohnen
150 g frischgeräucherter
Schinkenspeck
20 Frühlingszwiebeln
(ohne Grün)
1 große Zwiebel
1 Bund Suppengrün
1 Eßlöffel Schweineschmalz
oder Öl
³/₈ l Fleischbrühe
2 Stengel Bohnenkraut
Salz
Pfeffer
2 Eßlöffel Crème fraîche
2 Eßlöffel gehackte Petersilie

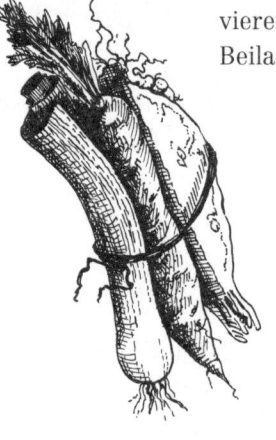

Die Bohnenkerne aus den Hülsen lösen und waschen. Den Schinkenspeck in kleine Würfel schneiden. Die Frühlingszwiebeln waschen. Die große Zwiebel schälen und ebenso wie das Suppengrün in Würfel schneiden.

Das Fett in einem Schmortopf zerlassen und den Speck darin glasig braten. Die Gemüse zu dem Speck geben und kurz durchrösten. Die Bohnenkerne hinzufügen und ebenfalls leicht anschmoren. Das Gemüse mit der Brühe aufgießen, das Bohnenkraut, Salz, Pfeffer dazugeben und die Bohnen bei mittlerer Hitze in ca. 40 Minuten gar kochen.

10 Minuten vor Ende der Kochzeit den Deckel abnehmen, damit die Flüssigkeit ganz einkocht. Die Crème fraîche an das Gemüse geben und aufkochen lassen. Mit der Petersilie bestreut servieren.

Beilage: neue Kartoffeln.

Grünkohl mit Mettwurst

Der Grünkohl, auch „Moos" genannt, wird am Rhein und in Westfalen am liebsten mit Speck und Mettwurst auf den Tisch gebracht. Auf keinen Fall darf vergessen werden, ihn mit Pfeffer und Muskat zu würzen.

Kohl von den Stielen befreien, waschen und in eine große Schüssel füllen. Mit kochendem Wasser übergießen und nach 2 Minuten abtropfen lassen. Den Kohl nach Belieben fein oder grob hacken. Die Zwiebeln schälen und in Würfel schneiden. Schmalz in einem großen Topf erhitzen und die Zwiebelwürfel darin anrösten. Den Kohl dazugeben und kurz mitrösten. Salzen, die Fleischbrühe angießen und den Speck zugeben. 30 Minuten zugedeckt schmoren lassen.
Die Kartoffel schälen, waschen und an den Kohl reiben. Mettwurst ganz oder in Scheiben geschnitten zufügen und alles noch weitere 20 Minuten garen. Den Kohl mit Salz, Pfeffer und Muskatnuß abschmecken.
Beilage: Pell- oder Salzkartoffeln.

Zutaten für 4 Personen

750 g Grünkohl
75 g Schweineschmalz
2 Zwiebeln
Salz
$1/4$ l Fleischbrühe
1 rohe Kartoffel
Pfeffer
Muskat
250 g Räucherspeck
250 g Mettwurst

Morcheln mit Sahne

Zutaten für 4 Personen

500 g frische oder 50 g
getrocknete Morcheln
60 g Butter
Salz
schwarzen Pfeffer
Saft von einer halben Zitrone
250 g Sahne oder
200 g Crème fraîche
2 Eßlöffel Cognac

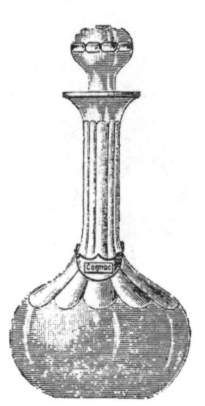

Getrocknete Morcheln 1 Stunde einweichen, frische Morcheln 5 Minuten in kaltes Wasser legen. Die Pilze einzeln unter fließendem Wasser sehr gründlich waschen, denn unter dem runzeligen Pilzhut setzt sich Sand fest.

Große Morcheln halbieren oder vierteln. Mit Küchenpapier vorsichtig abtrocknen. Das Einweichwasser von getrockneten Morcheln durch ein feines Sieb geben.

Die Butter in einem Schmortopf zerlassen und die Pilze hineingeben. Mit Salz, Pfeffer und Zitronensaft würzen. Bei leichter Hitze unter gelegentlichem Umrühren 10 Minuten schmoren lassen.

Etwas Sahne und, soweit man getrocknete Morcheln verwendet, auch das Einweichwasser an die Pilze geben und die Flüssigkeit einkochen lassen.

Den Cognac und die restliche Sahne hinzugießen und köcheln lassen, bis eine dicke, cremige Soße entsteht.

Beilage zu Filetsteak, Kalbsschnitzel oder Lammfilet (das halbe Rezept) oder in fertig gekaufte Blätterteigpasteten füllen.

Kartoffelknödel aus gekochten Kartoffeln

Die Kartoffeln unter fließendem Wasser abbürsten und ungeschält mit Wasser bedeckt 30 Minuten kochen lassen. Abgießen, abschrecken, abziehen und noch heiß durch eine Kartoffelpresse drücken. Kartoffelmehl, Ei, heiße Milch und Salz zufügen und zu einem Teig kneten. Weißbrot in kleine Würfel schneiden. Das Schweineschmalz in einer Pfanne erhitzen. Weißbrotwürfel in 3 Minuten darin bräunen. In einem großen Topf gesalzenes Wasser zum Kochen bringen. Mit nassen Händen einen handtellergroßen Probeknödel formen. In die Mitte des Knödels geröstete Weißbrotwürfel drücken. Ins Wasser geben und etwa 20 Minuten gar ziehen lassen. Knödel mit dem Schaumlöffel rausnehmen. Mit 2 Gabeln auseinanderreißen. Wenn der Probeknödel gut ist, aus dem restlichen Teig gleichmäßige Knödel formen und wie den Probeknödel garen.

Knödel mit einem Schaumlöffel aus dem Wasser nehmen, kurz abtropfen lassen. In einer vorgewärmten Schüssel sofort servieren.

Zutaten für 4 Personen

1 kg mehlige Kartoffeln
200 g Kartoffelmehl
1 Ei
$3/8$ l Milch
Salz
2 Scheiben Weißbrot (40 g)
20 g Schweineschmalz

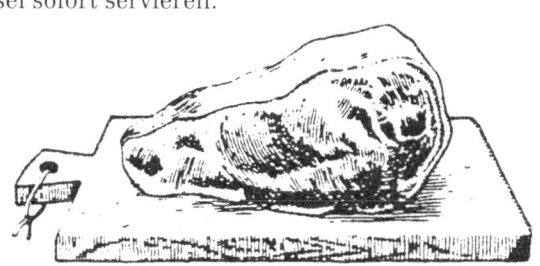

Wozu reichen? Zu allen Bratengerichten mit Soße, vor allem aber zu Schweinsbraten.

Fischgerichte

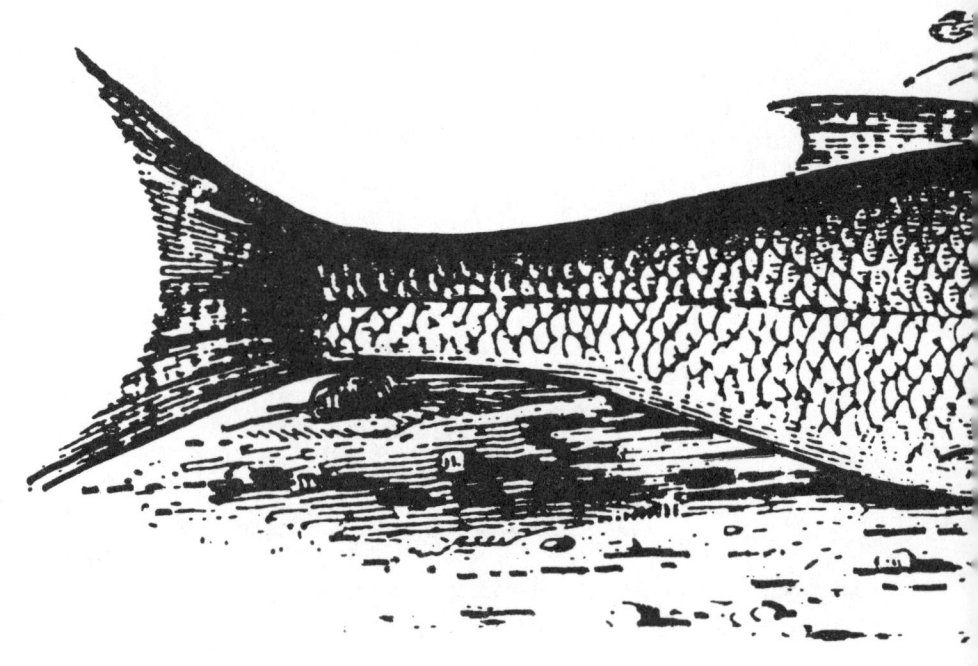

Krebse in Dillsauce

Zutaten für 4 Personen

36–48 lebende Krebse
Für den Kochsud:
1 l Wasser
1 l Weißwein (Riesling)
Salz
10 grobzerstoßene weiße
Pfefferkörner
2 Nelken
1 Stück Schale von
1 unbehandelten Orange
1 Kräutersträußchen
(1 Lorbeerblatt,
1 Zweig Thymian,
einige Stengel Petersilie)
1 Zwiebel
1 Möhre
Für die Dillsoße:
1 Schalotte
1/4 l Krebssud
100 g Crème fraîche
1 Eßlöffel Butter
3 Eßlöffel gehackter Dill
Salz
schwarzer Pfeffer
Saft von 1/2 Zitrone

Die Krebse unter fließendem Wasser gründlich waschen. Für den Sud Wasser und Wein mit den Gewürzen in einem großen Topf zum Kochen bringen. Zwiebel und Möhre schälen und in Scheiben schneiden, zu dem Kochsud geben und alles 20 Minuten kochen lassen.

Die lebenden Krebse am Schwanz fassen und nacheinander jeweils 6–8 Stück in den Kochsud geben. Wenn das Wasser wieder kocht, die nächsten Krebse in den Topf geben. 5–6 Minuten kochen lassen. Die gekochten Krebse im Sud etwas abkühlen lassen. Von den gekochten Krebsen die Schwänze vom Rumpf drehen, an der Bauchseite aufbrechen, auslösen und den Darm am unteren Ende der Schwänze herausziehen. Die Scheren mit einer Hummerzange aufknacken und das Fleisch herausziehen. Das Krebsfleisch warm stellen und den Sud etwas einkochen lassen.

Für die Soße die Schalotte in kleine Würfel schneiden. Mit dem Sud in einen Topf geben und bei starker Hitze auf die Hälfte einkochen lassen. Die Crème fraîche hinzufügen und noch einmal einkochen lassen. Den Topf vom Herd nehmen und die Butter in Flöckchen unter die Soße rühren.

Den Dill unter die Soße mischen und mit Salz, Pfeffer und Zitronensaft abschmecken.

Mit den Krebsschwänzen vermischen und sofort servieren.

Karpfen blau

Karpfen gehört nicht nur in Berlin zu den traditionellen Weihnachts- und Silvester-Festessen. Auf dem Markt ist er allerdings schon von Mitte September bis Mitte April. Danach ist Schonzeit für Karpfen.

Karpfen mit einem scharfen Messer an der Bauchseite aufschneiden. Ausnehmen. Unter kaltem Wasser vorsichtig abspülen, damit die Schleimschicht nicht verletzt wird. Innen trockentupfen und salzen. Nicht schuppen! Fisch in eine Schüssel geben. Essig bis zum Siedepunkt erhitzen. Über den Fisch gießen. 10 Minuten in Zugluft stellen. Dann auf eine Platte legen, Essig aufbewahren. Wein, Wasser und den Essig in einem Bräter erhitzen. Zwiebel schälen, halbieren. Mit dem Lorbeerblatt, den Pfefferkörnern und dem Zitronenstück in den Sud geben. Karpfen reinlegen und 20 Minuten bei niedrigster Hitze ziehen lassen. Mit zwei Schaumlöffeln rausnehmen, abtropfen lassen und auf einer vorgewärmten Platte anrichten.

Butter in einem Topf zerlassen und getrennt reichen. Salatblätter und Tomate abspülen. Abtropfen lassen. Tomate in Scheiben schneiden. Karpfen damit garnieren. Zitronenhälfte mit Meerrettich füllen. Auf die Platte legen. Sofort servieren.

Zutaten für 4 Personen

1 Karpfen von 1,5 kg
Salz
$1/8$ l Essig
$1/8$ l Weißwein
$3/8$ l Wasser
1 Zwiebel
1 Lorbeerblatt
3 Pfefferkörner
$1/2$ Zitrone
40 g Butter
Für die Garnierung:
8 Salatblätter
1 Tomate
$1/2$ Zitrone
1 Eßlöffel Meerrettich aus dem Glas

Zander in Rieslingsoße

Zutaten für 4 Personen

4 Zanderfilets von je 200 g
2 Eßlöffel Zitronensaft
50 g durchwachsener Speck
20 g Butter
1/8 l Riesling
Salz
1/8 l Wasser
1 Eßlöffel Speisestärke
knapp 1/8 l Sahne
1 Eigelb
Zum Garnieren:
1 Bund Petersilie
1 Zitrone

Riesling ist ein Weißwein, der aus den Rieslingtrauben gekeltert wird. Es gibt ihn aus fast allen Weinanbaugebieten. Sie nehmen für dieses Rezept natürlich einen aus Baden. Zanderfilets abspülen und trockentupfen. Auf eine Platte legen und beide Seiten mit Zitronensaft beträufeln.

Speck in Würfel schneiden. In einer Pfanne auslassen.Butter darin erhitzen. Die abgetupften Fischfilets darin auf jeder Seite in 3 Minuten hellbraun anbraten. Mit dem Riesling begießen. Zugedeckt 7 Minuten dünsten. Filets aus der Pfanne nehmen, salzen und auf einer vorgewärmten Platte zugedeckt warm stellen.

Wasser und Speisestärke in einer Tasse glattrühren. In den Fischfond rühren. Einmal aufkochen. Sahne und Eigelb mit etwas Soße verquirlen. In die Soße rühren. Bis kurz vorm Kochen erhitzen. Topf vom Herd nehmen. Soße mit Salz abschmecken.

Zum Garnieren Petersilie abbrausen, trockentupfen und hacken. Zitrone in heißem Wasser waschen, abtrocknen und in Achtel schneiden. Soße über die Zanderfilets gießen. Mit Petersilie bestreuen und mit Zitronenachteln umlegen. Beilagen: Stangenspargel oder Zuckererbsen und neue Kartoffeln.

Forelle auf Müllerin Art

Zutaten für 4 Personen

4 frische Forellen von
je 250 g
Saft einer Zitrone
Salz
4 Eßlöffel Mehl
4 Eßlöffel Öl
1 Bund Petersilie
1 Zitrone
1 kleiner Kopfsalat
40 g Butter

Fische ausnehmen. Flossen und Kopf abschneiden (wenn Sie einen küchenfertig zubereiteten Fisch kaufen, entfallen diese Arbeiten). Fisch rasch unter kaltem Wasser abspülen. Mit Haushaltspapier trockentupfen. Mit Zitronensaft überall beträufeln. 5 Minuten ziehen lassen. Salzen und in Mehl wenden.

Öl in einer großen Pfanne erhitzen. Fisch reingeben. Auf jeder Seite erst 1 Minute anbraten, dann auf jeder Seite 10 Minuten goldbraun braten. Während dieser Zeit die Petersilie waschen und trockentupfen. Die Hälfte hacken, die andere Hälfte ganz lassen. Zitrone waschen, trocknen und achteln. Salat putzen, waschen und trockenschwenken.

Fisch aus der Pfanne nehmen und auf einer vorgewärmten Platte anrichten. Mit gehackter Petersilie bestreuen. Platte mit der ganzen Petersilie, Zitronenachteln oder Zitronenrädchen und Salatblättern garnieren. Die Butter schnell in einer Pfanne goldbraun werden lassen. Über den Fisch gießen und sofort servieren.

Beilagen: Petersilienkartoffeln oder Kartoffelsalat.

Hecht badische Art

Zutaten für 6 Personen

1 küchenfertiger Hecht
von 1500 g
Salz
300 g durchwachsener Speck
100 g Butter oder Margarine
1/8 l Weißwein (Riesling)
2 Eßlöffel Semmelbrösel
100 g saure Sahne
weißer Pfeffer
Cayennepfeffer

Lassen Sie den Hecht vom Fischhändler ausnehmen und schuppen. Den Fisch unter kaltem Wasser abspülen. Mit Haushaltspapier
trockentupfen. Innen salzen. Die Haut nicht abziehen. Dadurch bleibt das Fischfleisch saftiger.
Hecht mit 100 g in dünne Scheiben geschnittenem
Speck belegen. Den übrigen durchwachsenen
Speck würfeln. In der Fettpfanne glasig werden
lassen. Fisch reingeben. Mit in einer Pfanne zer-
lassenen Butter oder Margarine übergießen.
Fettpfanne in den vorgeheizten Ofen schieben.
30 Minuten bei 250 Grad garen. Alle 10 Minuten
mit dem Bratfond überschöpfen. Nach 20 Minuten
den Weißwein zugießen. Aus dem Ofen nehmen,
mit Semmelbröseln bestreuen.
Nochmal 4 Minuten in den Ofen schieben und
überkrusten. Fisch aus der Pfanne heben. Auf einer vorgewärmten Platte anrichten und warm
stellen. Die saure Sahne in die Soße rühren. Mit
weißem Pfeffer und Cayennepfeffer würzen und
getrennt zum Fisch servieren. Wenn nötig, Fett
abschöpfen.
Beilagen: Petersilienkartoffeln mit Butter oder
hausgemachte Nudeln und Gurkensalat. Als
Getränk badischer Riesling.

Aal mit Salbei

Die Aale gleich beim Einkauf abziehen und in 4 cm lange Stücke schneiden lassen. Mit Essigwasser waschen und auf Küchenpapier gut abtropfen lassen. Die Aalstücke salzen, mit den Salbeiblättern umwickeln und diese mit einem Baumwollfaden festbinden.

Das Öl in einer beschichteten Pfanne erhitzen, und die Aalstücke darin unter gelegentlichem Schütteln in etwa 10 Minuten von allen Seiten goldbraun braten. Aus der Pfanne nehmen und die Baumwollfäden entfernen. Die Aalstücke auf Küchenpapier abtropfen lassen.

Die Fischstücke auf einer vorgewärmten Platte anrichten. Die Butter in die heiße Pfanne geben und einmal aufschäumen lassen. Über die Aalstücke gießen. Mit Zitronenspalten garnieren.

Beilage: Dampfkartoffeln und Gurkensalat mit saurer Sahne, als Getränk paßt badischer Weißherbst.

Zutaten für 4 Personen

1 kg dünne Aale
Essigwasser
Meersalz
12–14 frische Salbeiblätter
1 Eßlöffel Öl
40 g Butter
1 Zitrone

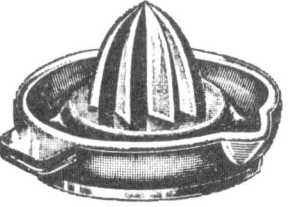

Sie können die mit den Salbeiblättern umwickelten Aalstückchen auch auf 4 Spießchen stecken, leicht mit Semmelbrösel bestreuen und grillen.

Karpfen in Rotwein

Zutaten für 4 Personen

---

1 Karpfen (1,5–2 kg)
Zitronensaft
Salz
1 Zwiebel
1 Stange Lauch
$^1/_2$ Sellerieknolle
2 Möhren
60 g Butter oder Margarine
$^1/_8$ l Rotwein
$^1/_2$ Lorbeerblatt
3 Pfefferkörner
20 g Speisestärke
2 Eßlöffel saure Sahne

Mit Rotwein zubereiteter Karpfen wird nicht nur in Franken gern gegessen, sondern auch im benachbarten Thüringen.

Karpfenblut beim Schlachten des Fisches in einem Gefäß auffangen und mit Zitronensaft verrühren. Karpfen schuppen, ausnehmen, waschen, mit Salz einreiben, mit Zitronensaft beträufeln und in Portionsstücke zerteilen.
Zwiebel, Lauch, Sellerie und Möhren putzen und fein schneiden, in Fett anrösten. Karpfenblut, Wein, Gewürze und Salz dazugeben. Die Karpfenstücke hineinlegen und bei Mittelhitze garen.
Fisch herausnehmen und warm stellen. Die Brühe durch ein Sieb geben. Speisestärke mit Sahne verquirlen, in die Soße rühren, kurz aufkochen und abschmecken. Soße über die Karpfenstücke gießen.
Beilagen: Klöße, Salzkartoffeln oder frisches Weißbrot.

Zanderfilets in Kräutersahne

Die Zanderfilets waschen, mit Küchenpapier trockentupfen und mit Salz und Pfeffer würzen. Eine flache, feuerfeste Form mit der Butter ausstreichen und die Filets nebeneinander darauf legen. Mit dem Fischfond und dem Wein aufgießen und auf der mittleren Schiene bei 190 Grad im vorgeheizten Backofen 8 Minuten pochieren. Die Filets herausnehmen und warm stellen. Den Pochierfond in eine Kasserolle gießen und einkochen lassen. Mit der Sahne aufgießen, salzen und pfeffern. Im offenen Topf kochen lassen, bis die Sahne anfängt, dicklich zu werden. Inzwischen die Petersilie hacken, die Kerbelblättchen abzupfen und die Estragon- sowie Basilikumblätter mit einer Schere in Streifen schneiden. Die Kräuter an die Sauce geben und durchziehen, aber nicht mehr kochen lassen. Die Soße heiß über die angerichteten Zanderfilets gießen. Beilage: Spinat oder Kartoffelpüree (in Franken Stopfer genannt).

Zutaten für 4 Personen

4 Zanderfilets (à 150 g)
Salz
weißer Pfeffer
1 Eßlöffel Butter
4 Eßlöffel Fischfond
(aus dem Glas)
4 Eßlöffel Weißwein
$1/4$ l Sahne
4 Stengel Petersilie
4 Stengel Kerbel
4 Estragonblätter
6 Basilikumblätter

Zander liebt saubere, klare Seen und Flüsse, in denen es von kleinen Weißfischen nur so wimmelt. Denn die sind seine Lieblingsspeise, und ihnen verdankt er den ihm eigenen Wohlgeschmack. Der Zander ist ein recht gefräßiger Raubfisch aus der Familie der Barsche. Er wird übrigens auch Hechtbarsch genannt.

Miesmuscheln auf rheinische Art

Zutaten für 4 Personen

---

2 kg Miesmuscheln
Für den Sud:
$^1/_2$ l Weißwein
2 Zwiebeln
1 Möhre
1 Stange Porree
schwarzer Pfeffer
Außerdem:
Saft einer Zitrone
1 Bund Petersilie

Miesmuscheln unter kaltem Wasser gründlich abbürsten. Fäden entfernen. Für den Sud Weißwein im Topf erhitzen. Zwiebeln schälen und reinreiben. Möhre schälen und in Scheiben schneiden. Porree putzen, waschen und in Ringe schneiden. Mit dem Pfeffer in den Sud geben. Wenn der Sud sprudelnd kocht, Muscheln reingeben. Bei geschlossenem Topf 15 Minuten kochen. Topf dabei hin und wieder rütteln. Muscheln mit einem Schaumlöffel aus dem Sud nehmen. In einer vorgewärmten Schüssel anrichten.
Sud in einen anderen Topf sieben. Zitronensaft reingeben. Erhitzen, dabei häufig umrühren. Petersilie abbrausen, trockentupfen und hacken. Sud über die Muscheln gießen. Mit Petersilie bestreuen und sofort servieren.

Muscheln, die vor dem Kochen geöffnet sind, wegschmeißen, ebenso diejenigen, die nach dem Kochen geschlossen sind.

Hamburger Pfannfisch

Den Fisch in 2 cm große Würfel schneiden. Wenn Sie tiefgekühlten Fisch verwenden, diesen etwas antauen lassen. Speck würfeln. Zwiebeln schälen und in feine Ringe schneiden. Butter oder Margarine in einer Pfanne erhitzen. Speckwürfel darin 5 Minuten braten. Zwiebelwürfel dazugeben. In weiteren 5 Minuten goldbraun werden lassen.

Pellkartoffeln schälen und in Scheiben schneiden. Mit den Fischwürfeln in die Pfanne geben. Salzen. Wasser zugießen. Zugedeckt 10 Minuten dünsten. Senf und Kondensmilch verquirlen. Vorsichtig unter das Gericht ziehen. Ohne Deckel noch etwa 10 Minuten braten. Petersilie waschen. Mit Haushaltspapier trockentupfen. Fein hacken und vor dem Servieren drüberstreuen.

Zutaten für 4 Personen

400 g Kabeljaufilets
100 g durchwachsener Speck
2 große Zwiebeln
50 g Butter oder Margarine
500 g Pellkartoffeln
Salz
knapp $1/8$ l heißes Wasser
2 Eßlöffel Senf
2 Eßlöffel Kondensmilch
$1/2$ Bund Petersilie

Gebratener Barsch

Barsche schuppen. Innen und außen säubern. Mit Zitronensaft beträufeln. Schweineschmalz in einem ausreichend großen Topf erhitzen. Die Barsche darin in 20 bis 25 Minuten goldbraun braten. Dann erst salzen.

Auf einer Platte anrichten. Dick mit blättrig geschnittenen Haselnüssen, die in etwas Butter geröstet worden sind, bestreuen. Mit Petersiliensträußchen garnieren.

Beilagen: In Butter gebratene Champignons und Petersilienkartoffeln.

Zutaten für 4 Personen

1 kg Barsche
(nicht zu große Fische)
Saft einer Zitrone
40 g Schweineschmalz
Salz
50 g blättrig geschnittene Haselnüsse
20 g Butter
$1/2$ Bund Petersilie

Hechtmaultaschen

Zutaten für 4 Personen

Für den Teig:
200 g Mehl
1 Teelöffel Salz
7 Eigelb
Mehl zum Ausrollen
1 Eigelb zum Bestreichen
Für die Füllung:
200 g Blattspinat
400 g frisches Hechtfleisch
200 g Sahne
200 g Crème fraîche
4 Eiweiß
10 g Sardellenpaste
Salz
schwarzer Pfeffer
aus der Mühle
Für den Sud:
1 Möhre
1 Stange Lauch
1 Stück Sellerie
100 g Crème fraîche
5 Eßlöffel Weißwein
$1/4$ l Fischfond (aus dem Glas)
Salz
schwarzer Pfeffer
1 Knoblauchzehe
1 Zweig Thymian
1 Lorbeerblatt
Saft von $1/2$ Zitrone
100 g Butter

Mehl in eine Schüssel geben und mit dem Salz vermischen. Eigelb nacheinander zu dem Mehl geben und die Zutaten zu einem festen Teig verkneten. Zugedeckt 30 Minuten ruhen lassen.
Für die Füllung den Spinat waschen und tropfnaß für Sekunden in kochendem Wasser blanchieren. Die Hälfte des Spinats, das Hechtfleisch und die übrigen Zutaten für die Füllung in einem Mixer zu einer glatten Farce verarbeiten und 30 Minuten in den Kühlschrank stellen.
Den Teig auf einem bemehlten Brett zu einem 16 cm breiten Streifen ausrollen. Mit dem verquirlten Eigelb bestreichen und die restlichen, glattgestrichenen Spinatblätter darauf verteilen.
Die Hechtfarce in einen Spritzbeutel füllen und einen breiten Streifen auf die obere Hälfte der Teigplatte spritzen. Die untere Hälfte darüberschlagen, so daß eine große Teigtasche entsteht. Mit einem Teigrädchen in Vierecke teilen und die Ränder noch einmal fest andrücken. Mit einem Tuch bedeckt 30 Minuten ruhen lassen.
Für den Sud die Gemüse waschen, putzen und in feine Streifen schneiden. Crème fraîche, Wein und Fischfond mit dem Gemüse in einem Topf zum Kochen bringen. Mit Salz, Pfeffer und den Gewürzen abschmecken. 10 Minuten kochen lassen.
Die Maultaschen in den Sud geben und 10 Minuten köcheln lassen. Mit einem Schaumlöffel herausnehmen und auf 4 vorgewärmte Suppenteller legen. Den Gemüsesud zur Hälfte einkochen. Unter Rühren mit einem Schneebesen die Butter in kleinen Flöckchen hinzufügen. Sauce über die Maultaschen gießen.

Ausgebackener Karpfen

Die frisch geschlachteten Karpfen waschen, mit Küchenpapier trockentupfen und mit einem scharfen Messer der Länge nach durchschneiden. Eine Hälfte behält dabei die Rückengräte.

Die 4 Karpfenhälften salzen und in Mehl wenden. Das Butterschmalz in einer großen tiefen Pfanne oder in 2 kleinen Pfannen erhitzen und die Karpfenhälften darin von beiden Seiten bei mittlerer Hitze in ca. 10 Minuten goldbraun braten. Auf Küchenpapier abtropfen lassen und auf einer vorgewärmten Pfanne anrichten.

Beilage: Gemischte Salatplatte mit Kartoffelsalat. Als Getränk paßt trockener fränkischer Silvaner.

Zutaten für 4 Personen

2 küchenfertige Karpfen (je 1,5 kg)
Salz
Mehl
100 g Butterschmalz

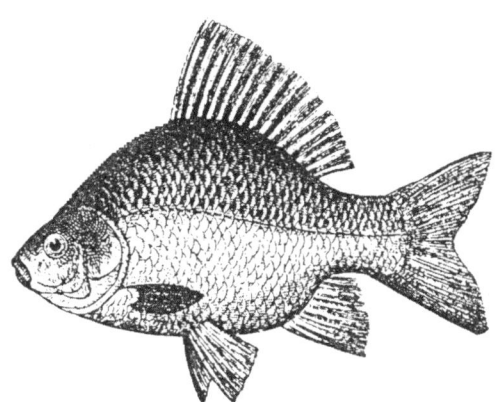

Das Butterschmalz muß sehr heiß sein, wenn die Karpfenstücke hineingegeben werden, damit sie sich nicht zu sehr mit Fett vollsaugen können.

Marinierte Heringe

Zutaten für 4 Personen

8 küchenfertige Salzheringe
von je 200 g
3 Zwiebeln
1 Gewürzgurke
1 Sträußchen Dill
1 Eßlöffel Kapern
Für die Marinade:
$^1/_8$ l Weinessig
$^1/_8$ l Wasser
2 Lorbeerblätter
10 Pfefferkörner
3 Nelken
1 Eßlöffel Zucker
Zum Garnieren:
2 Stengel Petersilie

Rogen und Milch (falls vorhanden) mitverwenden. Mit den Heringen unter kaltem Wasser abspülen. Abtropfen lassen. Über Nacht in kaltes Wasser legen, damit das überschüssige Salz ausziehen kann. Am nächsten Tag abtropfen lassen. Heringe häuten und entgräten, dabei die Schwänze und Flossen entfernen. Filets unter fließendem Wasser abspülen. Mit Haushaltspapier trockentupfen.

Zwiebeln schälen, in Scheiben schneiden. Gewürzgurke auch in Scheiben schneiden. Dill abbrausen. Trockentupfen. Heringsfilets, Zwiebeln, Gewürzgurke, Dill und Kapern in ein großes Glas, eine Porzellanschüssel oder einen Steinguttopf schichten. Heringsrogen abspülen, auch einschichten.

Für die Marinade Essig, Wasser, Lorbeerblätter, Pfefferkörner, Nelken und Zucker aufkochen. Erkalten lassen. Heringsmilch hacken und durch ein feines Sieb streichen. In die kalte Marinade rühren. Eingeschichtete Heringsfilets damit übergießen. Gefäß mit einem Deckel oder Alufolie verschließen. Kühl stellen. Mindestens 24 Stunden durchziehen lassen.

Heringsfilets abtropfen lassen. Auf eine Platte legen. Mit abgespülter, trockengetupfter und zerpflückter Petersilie garnieren.

Bratheringe in Essigmarinade

Heringe schuppen, ausnehmen. Köpfe und Flossen abschneiden. Waschen. Mit Zitronensaft beträufeln. 10 Minuten einziehen lassen. Dann salzen und in Mehl wenden. Margarine in einer großen Pfanne erhitzen. Heringe auf beiden Seiten 7 Minuten darin braten. Leicht abkühlen lassen.

Für die Marinade Wasser und Essig mischen. Zwiebeln schälen und in Ringe schneiden: In die Flüssigkeit geben. Mit den übrigen Zutaten kurz aufkochen. Marinade abkühlen lassen. Die noch warmen Heringe in eine Schüssel legen. Marinade drübergießen. Die Fische müssen ganz bedeckt sein. Nach 24 Stunden können die Bratheringe gegessen werden.

Beilage: Bratkartoffeln oder Kartoffelbrei.

Bratheringe in Essigmarinade können Sie etwa vier Tage aufbewahren. Am besten zugedeckt im Kühlschrank. Jeder Tag, den der Hering länger mariniert wird, macht ihn aromatischer.

Zutaten für 4 Personen

8 grüne Heringe
Saft einer Zitrone
Salz
1 Eßlöffel Mehl
85 g Margarine
Für die Marinade:
$3/8$ l Wasser
$3/8$ l Essig
2 Zwiebeln
2 Lorbeerblätter
2 Teelöffel Senfkörner
1 Prise Zucker
2 getrocknete Peperoni

Fleischgerichte

Kalbsnierenbraten

Zutaten für 6 Personen

1,5 kg Kalbsnierenstück
oder Sattelstück längs
geteilt (mit einer Niere,
ohne Nierenfett und ohne
Lendchen)
Salz
schwarzer Pfeffer
1 Möhre
1 Zwiebel
1 Bund Petersilie
2 Nelken
1 Lorbeerblatt
1 Tomate
50 g weiches Kokosfett
$^1/_8$ l Weißwein
1 Eßlöffel Speisestärke

Von dem Kalbsnierenstück die Niere entfernen. Das Fleisch von dem Knochen sauber ablösen. Die Niere entfetten und längs halbieren. Weiße Röhren und Sehnen entfernen. Die Niere waschen und wässern. Dann das Fleisch waschen, trockentupfen und mit der Hautseite nach unten legen. Den fleischigen Teil mit Salz und Pfeffer würzen. Kalbsniere trockentupfen und der Länge nach auf das Fleisch legen. Das Fleisch von der dicken Seite her aufrollen und mit Baumwollfäden mehrmals umwickeln. Auch außen mit Salz und Pfeffer würzen.

Die abgelösten, abgespülten Knochen klein hacken und in einen Bratentopf legen. Möhre und Zwiebel schälen, waschen, trockentupfen und in 2 cm große Würfel schneiden. Petersilie waschen, trockentupfen. Die Hälfte ganz in dem Topf verteilen. Nelken, Loerbeerblatt und gewaschene, trockengetupfte, geviertelte Tomate auch zu den Knochen legen. Den Kalbsnierenbraten darauf setzen und mit Kokosfett bestreichen. Ein Butterbrotpapier drauflegen. Topf mit Deckel verschließen. In den vorgeheizten Backofen stellen. Bratzeit: 110 Minuten bei 200 Grad.

Den gegarten, leicht gebräunten Kalbsnierenbraten herausnehmen und vor dem Aufschneiden 10 Minuten auf vorgewärmter Platte warm stellen und ruhen lassen.

Weißwein zum Bratensatz geben, 2 bis 3 Minuten durchkochen und durchseihen. Soße entfetten. Speisestärke in einer Tasse mit etwas kaltem Wasser verrühren und die Soße damit binden. Braten

aufschneiden. Mit Petersiliensträußchen gar-
nieren.
Beilagen: Kraut oder verschiedene Gemüse:
Erbsen, Karotten, Bohnen und Salzkartoffeln.

Kalbsnierenbraten kann auch am
Spieß zubereitet werden. Hierfür
einen Kalbsnierenbraten wie oben vorbereiten,
aber außen mit einem gestrichenen Teelöffel
Thymian zusätzlich einreiben. An den Spieß eines
Elektrogrills stecken und mit den Klammern gut
befestigen. Den Braten mit 2 Eßlöffeln Öl bepinseln. In den vorgeheizten Grill geben und den
Drehmotor einschalten. Grillzeit: Etwa 2 Stunden.
Braten mehrmals mit abtropfendem Fett einpinseln. Wird der Kalbsnierenbraten zu braun, so
umhüllt man ihn mit dünner Alufolie. Dann muß
er aber 2 1/2 Stunden garen.

Rahmschnitzel

Zutaten für 4 Personen

4 Kalbsschnitzel aus der
Oberschale von je 150 g
1 Zwiebel
Salz
weißer Pfeffer
4 Eßlöffel Mehl
50 g Butter
1 Eßlöffel Öl
3 Eßlöffel Weißwein
¹/₈ l Sahne
1 Messerspitze Cayenne-
pfeffer
Saft einer viertel Zitrone
Zum Garnieren:
¹/₂ Bund Petersilie
1 Zitrone

Die Schnitzel mit dem Handballen leicht klopfen. Mit Haushaltspapier abtupfen. Zwiebel schälen und fein hacken. Schnitzel mit Salz und Pfeffer würzen. Mehl auf einen Teller geben. Schnitzel darin wenden. Butter und Öl in einer Pfanne erhitzen, Schnitzel darin auf beiden Seiten je vier Minuten braten, rausnehmen und warm stellen.

Zwiebel in der Pfanne in 4 Minuten gelb braten. Restliches Mehl zufügen. 1 Minute mitschwitzen. Weißwein und etwas Sahne in einem Becher mischen. Ins Mehl rühren. 4 Minuten kochen. Schnitzel reinlegen. 3 Minuten ziehen lassen. Übrige Sahne reinrühren. Mit Cayennepfeffer und Zitronensaft abschmecken. Vom Herd nehmen. Schnitzel mit Soße auf einer vorgewärmten Platte anrichten. Petersilie unter kaltem Wasser abspülen, trockentupfen und zerpflücken. Zitrone unter heißem Wasser waschen, abtrocknen und in Scheiben schneiden. Schnitzel damit und mit Petersilie garniert servieren.
Beilagen: Kopf- oder Endiviensalat und Spätzle oder Kartoffelpüree.

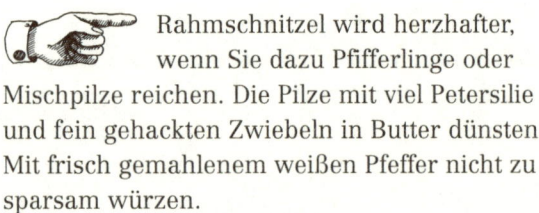 Rahmschnitzel wird herzhafter, wenn Sie dazu Pfifferlinge oder Mischpilze reichen. Die Pilze mit viel Petersilie und fein gehackten Zwiebeln in Butter dünsten. Mit frisch gemahlenem weißen Pfeffer nicht zu sparsam würzen.

Gefüllte Kalbsbrust

Für die Füllung Wasser in einem Topf zum Kochen bringen. Maronen kreuzweise einritzen. Ins kochende Wasser geben. 10 Minuten kochen lassen, bis sich die Schalenenden lösen. Maronen schälen. Auch die Innenhaut abziehen und abkühlen lassen. Grob hacken. Sellerieknolle schälen, waschen, trockentupfen und fein würfeln. Zwiebel schälen. Auch würfeln. Butter in einem Topf erhitzen. Zwiebelwürfel darin 5 Minuten goldgelb braten. Maronen, Sellerie und Zwiebel in eine Schüssel geben. Petersilie unter kaltem Wasser abspülen, mit Haushaltspapier trockentupfen und hacken. Drüberstreuen. Mit Semmelbrösel, Eiern, Salz und Pfeffer zur Farce (Füllung) mischen.

Kalbsbrust unter fließendem Wasser abspülen, mit Haushaltspapier trockentupfen. Mit einem scharfen Messer in die Brust eine tiefe Tasche schneiden. Farce reinfüllen. Öffnung mit Zahnstochern zustecken. Mit zerriebenem Rosmarin und Salz einreiben.

Öl in einem großen Bräter erhitzen. Kalbsbrust darin 15 Minuten rundherum braun anbraten. Heiße Fleischbrühe zugießen. Zugedeckt 90 Minuten schmoren lassen. Kalbsbrust auf einer vorgewärmten Platte anrichten. Zahnstocher rausnehmen. In Scheiben schneiden und warm stellen. Bratfond durchs Sieb in einen Topf gießen. Etwas einkochen lassen und gesondert servieren.

Beilagen: Petersilienkartoffeln, gemischter Salat oder mit brauner Butter übergossener Blumenkohl oder Schwarzwurzeln.

Zutaten für 6 Personen

Für die Füllung:
$^1/_2$ l Wasser
125 g Maronen (Eßkastanien)
$^1/_4$ Sellerieknolle (75 g)
1 Zwiebel (50 g)
20 g Butter
1 Bund Petersilie
120 g Semmelbrösel
2 Eier
Salz
Pfeffer
Außerdem:
1 kg entbeinte Kalbsbrust
$^1/_2$ Teelöffel getrockneter Rosmarin
Salz
5 Eßlöffel Olivenöl
$^1/_4$ l heiße Fleischbrühe aus Würfeln

Falscher Hase

Zutaten für 4 Personen

250 g gehacktes Rindfleisch
250 g gehacktes
Schweinefleisch
1 Zwiebel
60 g Semmelbrösel
3 Eßlöffel kaltes Wasser
2 Eier
Salz
Pfeffer
1 Teelöffel Paprika edelsüß
1 Teelöffel Senf
1 kleines Bund Petersilie
80 g fetter, geräucherter
Speck
4 Eßlöffel Margarine oder Öl
1/4 l heiße Fleischbrühe
1 gestrichener Teelöffel
Speisestärke
1/8 l saure Sahne

Es gibt kaum eine deutsche Hausfrau, die nicht ihr eigenes Rezept vom Falschen Hasen hätte. Diesem aus Gehacktem zubereiteten Braten, den man länglich formt und damit eine entfernte Ähnlichkeit mit Hasenbraten gibt.

Hackfleisch in eine Schüssel geben. Dazu die geschälte, fein gewürfelte Zwiebel, Semmelbrösel, kaltes Wasser, aufgeschlagene Eier, Salz, Pfeffer, Paprika und Senf. Petersilie waschen, mit Haushaltspapier trocknen, hacken. Auch in die Schüssel geben. Zutaten mit den Händen gut durchmischen und daraus einen Fleischteig kneten. Fleischteig kräftig abschmecken. Dann den Braten wie ein länglichrundes Brot formen.
Speck in Scheiben schneiden. Die Hälfte im Bräter oder in der Fettpfanne 1/2 Minute anbraten. Margarine oder Öl dazugeben. Braten reinlegen. Rundherum anbraten. Dann die restlichen Speckscheiben obendrauf legen. In den heißen Ofen auf die mittlere Schiene schieben. Während der Garzeit nach und nach die heiße Fleischbrühe zugießen. Zwischendurch immer mal mit Bratfond beschöpfen. Etwa 45 Minuten bei 200 bis 225 Grad backen. Braten aus Bräter oder Fettpfanne nehmen. Auf einer vorgewärmten Platte warm stellen. Bratensaft loskochen. Eventuell noch etwas heißes Wasser zugießen. Speisestärke mit kaltem Wasser anrühren. Soße damit binden. Vom Herd nehmen. Saure Sahne reinrühren, aber nicht mehr kochen. Mit Salz und Pfeffer abschmecken. Soße getrennt zum Braten servieren.

Königsberger Klopse

Dies sind nun die überall bekannten und beliebten Königsberger Klopse. Dazu gehört selbstverständlich eine Kapernsoße, die leicht säuerlich abgeschmeckt wird. Deshalb nennt man in Berlin dieses Gericht auch Kapernklopse. Typische Beilagen sind Salzkartoffeln und Senfgurken.

Brötchen 10 Minuten in kaltem Wasser einweichen. Ausdrücken, zerpflücken und mit dem Hackfleisch in eine Schüssel geben. Speck, abgetropfte Sardellenfilets und die geschälte Zwiebel fein hacken. Zum Hackfleisch geben. Ei reingeben. Gut mischen. Mit Salz und Pfeffer würzen.

Wasser mit Salz, Lorbeerblatt, der geschälten, halbierten Zwiebel, Pfeffer- und Gewürzkörnern in einem Topf aufkochen. Aus dem Fleischteig Klopse von 4 cm Durchmesser formen und in der Flüssigkeit in 20 Minuten gar ziehen lassen. Mit einem Schaumlöffel rausnehmen und in einer vorgewärmten Schüssel warm stellen. Brühe durch ein Sieb gießen. Auch warm stellen.

Für die Soße Margarine in einem Topf erhitzen. Mehl reinschütten und 3 Minuten unter Rühren durchschwitzen. Mit $1/2$ l der durchgesiebten Brühe unter Rühren ablöschen. Kapern, Zitronensaft und Senf reingeben. 5 Minuten kochen lassen. Eigelb in einem Becher mit etwas Soße verquirlen. Wieder in die Soße rühren. Mit Zucker, Salz und Pfeffer würzen. Eventuell noch mit etwas Zitronensaft abschmecken. Klopse reingeben und noch mal heiß werden lassen. In einer vorgewärmten Schüssel anrichten und sofort servieren.

Zutaten für 4 Personen

Für die Klopse:
1 Brötchen
$1/4$ l Wasser zum Einweichen
500 g gemischtes Hackfleisch
50 g fetter Speck
4 Sardellenfilets aus der Dose
1 Zwiebel
1 Ei
Salz
weißer Pfeffer
Zum Garen:
$1^1/2$ l Wasser
Salz
1 Lorbeerblatt
1 kleine Zwiebel
je 3 Pfeffer- und Gewürzkörner
Für die Soße:
30 g Margarine
30 g Mehl
2 Eßlöffel Kapern
Saft einer halben Zitrone
$1/2$ Teelöffel Senf
1 Eigelb
1 Prise Zucker
Salz
weißer Pfeffer

$\mathcal{L}$aubfrösche

Zutaten für 4 Personen

1 kg großblättriger Spinat
Für die Füllung:
3 altbackene Brötchen
3/4 l Wasser
75 g geräucherter
fetter Speck
2 Zwiebeln
1 Bund Petersilie
400 g gemischtes Hackfleisch
2 Eier
Salz
weißer Pfeffer
1/2 Teelöffel getrockneter,
zerriebener Majoran
1 Messerspitze geriebene
Muskatnuß
Außerdem:
30 g Butter
1/4 l heiße Fleischbrühe

Spinat verlesen und die Blätter in kaltem Wasser waschen. Auf einem Sieb abtropfen lassen. In einer Schüssel mit kochendem Wasser übergießen. 1 Minute ziehen, dann abtropfen lassen. Auf Haushaltspapier ausbreiten, damit die Spinatblätter trocknen können.

Für die Füllung Brötchen in einer Schüssel mit Wasser einweichen. Speck fein würfeln. In einer Pfanne 3 Minuten auslassen. Zwiebeln schälen und hacken. Im heißen Speck in 3 Minuten hellbraun braten. Gewaschene Petersilie hacken. Hackfleisch mit Speck und Zwiebeln, Petersilie, den gut ausgedrückten Brötchen und den aufgeschlagenen Eiern in einer Schüssel gut mischen. Mit Salz, Pfeffer, Majoran und Muskatnuß würzen. Je 2 oder 3 Spinatblätter (das hängt von der Größe ab) etwa 1/4 übereinander legen. Knapp 1 Eßlöffel Füllung darauf verteilen. Zu Rollen zusammenschlagen.

Feuerfeste Form mit etwas Butter einfetten. Spinatrollen reinlegen. Mit heißer Fleischbrühe begießen. Die restliche Butter in einem Topf zerlassen und drüberträufeln.

Form in den vorgeheizten Ofen auf die mittlere Schiene stellen und die Laubfrösche 25 Minuten bei 200 Grad garen.

Beilage: Kartoffelpüree oder Salzkartoffeln.

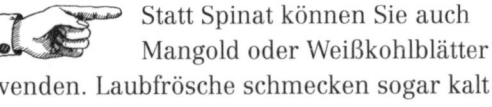 Statt Spinat können Sie auch Mangold oder Weißkohlblätter verwenden. Laubfrösche schmecken sogar kalt und eignen sich für ein Kaltes Büfett.

Buletten

Kennen Sie den Unterschied zwischen Buletten und Frikadellen? Die Buletten werden paniert. Die Frikadellen nicht. Im übrigen sind Buletten echte Berliner. Man kann sie dort als kalte Happen zwischen Schnaps und Bierchen in jeder Eckkneipe kaufen.

Brötchen in mit Milch gemischtem Wasser einweichen. Zwiebeln schälen, würfeln und in heißer Margarine goldgelb braten.
Hackfleisch in eine Schüssel geben. Brötchen ausdrücken. Zerpflückt aufs Fleisch geben. Dann kommen Zwiebelwürfel, Fett, Ei und Gewürze dazu. Mit einer Gabel gut mischen. Am allerbesten mischt man Fleischteig mit der sauberen Hand. Würzig abschmecken. Teig in 8 Portionen teilen. Daraus Kugeln formen, die flachgedrückt werden. Zuerst in verquirltem Ei, dann in Semmelbröseln wenden. Margarine in der Pfanne erhitzen. Die Buletten darin erst auf beiden Seiten anbraten. Dann pro Seite in 7 Minuten garbraten.
Beilage: Kartoffelsalat oder Porreegemüse mit Petersilienkartoffeln.

Zutaten für 4 Personen

1 altbackenes Brötchen
$^1/_8$ l Milch
$^1/_8$ l Wasser
2 Zwiebeln
20 g Margarine
je 250 g Schweine- und Rindergehacktes
1 Ei
Salz
Pfeffer
geriebene Muskatnuß
Für die Panade:
1 Ei
50 g Semmelbrösel
60 g Margarine zum Braten

Eisbein mit Sauerkraut

Zutaten für 4 Personen

Für das Eisbein:
4 Portionen Eisbein
(etwa 2 kg)
3 l Wasser
Salz
2 Zwiebeln
2 Lorbeerblätter
4 Pfefferkörner
5 Gewürzkörner
(Piment)
1 Prise Zucker
Für das Sauerkraut:
60 g Schweineschmalz
500 g Sauerkraut
1 Zwiebel
5 Gewürznelken
1/2 Lorbeerblatt
4 Wacholderbeeren
1 Prise Zucker

Im In- und Ausland gilt Eisbein als eines der deutschen Nationalgerichte. Und zweifellos ist es in einigen Gegenden sehr beliebt, vor allem in Berlin, wo es ein traditioneller Richtfestschmaus ist. Allerdings ist es nicht gerade kalorienarm. Die typischen Beilagen sind Sauerkraut und Kartoffelbrei, manchmal auch Erbspüree. Als Getränk paßt am besten Bier dazu. Hinterher sollten Sie auf jeden Fall ein Schnäpschen reichen.

Eisbein unter kaltem Wasser abspülen. In kochendes, gesalzenes Wasser geben. Geschälte Zwiebeln grob würfeln oder achteln. Mit den Gewürzen zum Eisbein geben. Etwa 90 Minuten leise kochen lassen.
Nach etwa 45 Minuten das Sauerkraut zubereiten. Dazu Schmalz in einem Topf gut heiß werden lassen. Sauerkraut mit zwei Gabeln etwas auseinanderzupfen. Reingeben. Zwiebel schälen. Mit den Gewürznelken spicken. Zusammen mit dem Lorbeerblatt, den Wacholderbeeren und dem Zucker dazugeben. Alles schwach kochen lassen. Nach 40 bis 45 Minuten ist das Sauerkraut gar. Auf eine Platte geben. Eisbein aus der Kochbrühe nehmen. Abtropfen lassen. Auf dem Sauerkraut anrichten. Beilagen: Erbspüree und Kartoffelbrei.

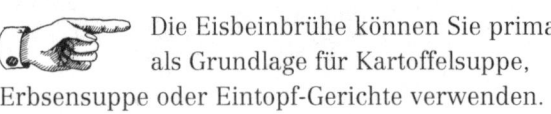 Die Eisbeinbrühe können Sie prima als Grundlage für Kartoffelsuppe, Erbsensuppe oder Eintopf-Gerichte verwenden.

Kalbsleber Berliner Art

Wie Wasser in die Spree gehören zu Kalbsleber Berliner Art knusprige Zwiebelringe und butterweich gebratene Apfelscheiben.

Die Leber, falls nötig, von Haut und Sehnen befreien. Die Zwiebeln und die Äpfel schälen. Das Kerngehäuse der Äpfel mit einem Apfelausstecher entfernen und Äpfel und Zwiebeln in Scheiben schneiden. Das Mehl mit Salz und Pfeffer vermischen. Das Öl und 1 Eßlöffel Butter in einer Pfanne erhitzen, die Speckscheiben darin knusprig braten und aus dem Fett nehmen. Die Leberscheiben in dem gewürzten Mehl wenden und in dem heißen Fett von beiden Seiten in 5 Minuten braun braten.
In einer zweiten Pfanne die restliche Butter erhitzen und zuerst die Apfelscheiben darin weich dünsten, diese aus der Pfanne nehmen und warmstellen, dann in dem gleichen Fett die Zwiebelringe glasig braten.
Die gebratenen Leberscheiben mit Pfeffer würzen und auf einer vorgewärmten Platte anrichten. Mit den Apfelscheiben und den Zwiebelringen bedecken und die knusprigen Speckscheiben darübergeben.
Beilage: Kartoffelbrei und kühles Bier.

Zutaten für 4 Personen

4 Scheiben Kalbsleber
(à 125 g)
2 große Zwiebeln
2 säuerliche Äpfel
1 Eßlöffel Mehl
Salz
schwarzer Pfeffer
1 Eßlöffel Öl
3 Eßlöffel Butter
4 dünne Scheiben
durchwachsener Speck

Schwalbennester

Zutaten für 4 Personen

4 Scheiben Kalbfleisch
von je 150 g
Salz
weißer Pfeffer
1 Eßlöffel Senf
125 g durchwachsener Speck
4 hartgekochte Eier
30 g Margarine
1 Zwiebel
1/4 l heiße Fleischbrühe
1 Eßlöffel Tomatenmark
2 Eßlöffel Mehl
1/8 l Rotwein

Schwalbennester sind sehr feine Rouladen. Die Füllung mit Ei ist eine der vielen Möglichkeiten, die es gibt. Sie können auch mit Fleischfarce, mit Schinken- oder Käsescheiben oder auch mit Bratenresten gefüllt werden.

Kalbfleisch unter kaltem Wasser abspülen, mit Haushaltspapier abtupfen. Mit Salz und Pfeffer bestreuen. Mit Senf bestreichen. Speck in 4 Scheiben schneiden und auf das Fleisch legen. Eier schälen und auf die Scheiben legen. Fleischscheiben zu Rouladen aufrollen. Mit einem Zwirnsfaden oder Rouladenklammern zusammenhalten.

Margarine in einem Topf erhitzen. Schwalbennester reinlegen und von allen Seiten 10 Minuten braun anbraten.

Zwiebel schälen, halbieren und würfeln. Zugeben und 3 Minuten hellgelb braten. Fleischbrühe aufgießen und 25 Minuten zugedeckt schmoren.

Fleisch rausnehmen. Fäden oder Klammern entfernen. Tomatenmark in die Soße rühren. Mehl mit dem Rotwein in einem Becher anrühren und die Soße damit binden. 3 Minuten kochen. Rouladen wieder reingeben und heiß werden lassen.

Schwalbennester aufschneiden, auf einer vorgewärmten Platte mit etwas Soße anrichten. Restliche Soße getrennt reichen.

Beilagen: Gemischter Salat und Kartoffelpüree.

Lammkeule mit weißen Bohnen

Die Bohnenkerne über Nacht einweichen und dann abgießen.

Rosmarin, Thymian, einige Pfefferkörner und etwas Salz in einem Mörser zerstoßen. Die Lammkeule mit Öl bepinseln und die Gewürzmischung einmassieren. Das Fleisch in eine Bratreine legen und in den auf 200 Grad vorgeheizten Ofen schieben. Etwa 2 Stunden schmoren lassen, ab und zu wenden und mit Saft begießen. Die Keule ist gar, wenn beim Einstechen mit einer Nadel nur noch ein hellroter Tropfen austritt.

Eine Zwiebel schälen und mit den Nelken spicken. Die Bohnenkerne mit der gespickten Zwiebel und dem Bouquet garni in einen großen Topf geben und mit Wasser bedecken. Aufkochen lassen, salzen und bei geringer Hitze eine Stunde garen.

Die Tomaten kurz überbrühen, kalt abschrecken, häuten und entkernen. Restliche Zwiebeln und Knoblauch grob hacken und in Öl andünsten. Tomaten hinzufügen und mit Salz und Pfeffer zu einer Soße einköcheln. Nach Geschmack und Konsistenz mit einem Glas Weißwein strecken und weiter eindicken.

Die gegarte Keule auf eine Servierplatte legen und im Ofen bei 100 Grad etwas nachziehen lassen. Den Bratensatz in der Reine mit heißem Wasser loskochen, etwas einköcheln und in einer Saucière im Ofen warm halten.

Die Bohnen abgießen – Zwiebel und Bouquet entfernen – mit der Tomatensoße mischen und um die Lammkeule anrichten.

Zutaten für 6 Personen

400 g getrocknete, weiße Bohnenkerne
Rosmarin und Thymian (getrocknet)
ganze, schwarze Pfefferkörner
Salz
1 Lammkeule (ca. 2 kg)
Olivenöl
3 Zwiebeln
3 Gewürznelken
1 Bouquet garni aus frischen Thymian- und Petersilienzweigen und 1 Lorbeerblatt
4 Tomaten
2 Knoblauchzehen
Pfeffer aus der Mühle
eventuell 100 ml trockener Weißwein

Rheinischer Sauerbraten

Zutaten für 4 Personen

1 kg Rinderbraten
80 g fetter Speck, in Streifen
geschnitten
Pfeffer aus der Mühle
Salz
1 Eßlöffel Öl
1 Eßlöffel Butter
2 Zwiebeln
2 Möhren
1 Petersilienwurzel
1 Stück Kalbsfuß oder
Schweineschwarte
1–2 Soßenprinten oder
50 g Lebkuchen oder
50 g Pumpernickel
100 g kernlose Rosinen
30 g in Streifen geschnittene
Mandeln
1 Eßlöffel Apfelkraut oder
Johannisbeergelee
Für die Marinade:
$1/4$ l Rotwein
$1/4$ l Rotweinessig
$1/2$ Lorbeerblatt
3 Nelken
12 zerstoßene Pfefferkörner
4 zerquetschte
Wacholderbeeren
1 Stück Ingwerwurzel
1 Stück Schale von
1 unbehandelten Zitrone

Sauerbraten ist eines der bekanntesten Rezepte des Rheinlandes und über seine Grenzen hinaus beliebt.

Das Fleisch kurz waschen und trockentupfen. Für die Marinade Rotwein und Essig mit allen Gewürzen aufkochen und erkalten lassen. Das Fleisch in eine Schüssel geben, die wenig größer als der Braten ist, und mit der Marinade übergießen. Das Fleisch soll von der Flüssigkeit fast bedeckt sein. Zugedeckt 2–3 Tage kühlstellen. Das Fleisch herausnehmen und mit Küchenpapier trockentupfen. Mit den in Pfeffer gewendeten Speckstreifen spicken und salzen.

Öl und Butter in einem Schmortopf erhitzen und das Fleisch darin von allen Seiten anbraten. Zwiebeln, Möhren und Petersilienwurzel putzen, in Streifen schneiden und kurz mit andünsten. Mit der durchgesiebten Marinade übergießen, den Kalbsfuß oder die Schwarte in den Topf geben und Lebkuchen oder Pumpernickel in die Marinade bröckeln. Den Topf mit einem Deckel fest verschließen und das Fleisch bei leichter Hitze auf dem Herd oder auf der unteren Schiene im Backofen bei 180 Grad in 3 Stunden weich schmoren lassen.

Das Fleisch herausnehmen und warm stellen. Kalbsfuß oder Schwarte herausfischen. Die Soße, wenn nötig, mit etwas Rotwein verlängern. Rosinen und Mandeln an die Soße geben und mit dem Apfelkraut oder dem Johannisbeergelee abschmecken.

Das Fleisch in Scheiben schneiden und mit etwas
Soße übergießen. Den Rest der Soße getrennt ser-
vieren.
Beilage: Kartoffelpuffer, Kartoffelklöße, Nudeln,
Spätzle oder Kartoffeln, Apfelkompott oder
Backobst, Preiselbeeren.

Rheinische Schnitzel

Das Paniermehl auf einen flachen Teller schütten. Das Ei in einem Suppenteller gut verquirlen. Die Schweineschnitzel mit der flachen
Seite des Fleischklopfers flachklopfen, anschließend trockentupfen. Das Fleisch salzen, pfeffern
und durch das verquirlte Ei ziehen. Anschließend
im Paniermehl mehrmals wenden und die Panade
gut andrücken.
Butterschmalz in einer großen Pfanne mit hohem
Rand erhitzen. Die Schnitzel darin auf jeder Seite
3 Minuten bei mittlerer Hitze goldbraun braten.
Herausnehmen und warm stellen.
Die Sardellenfilets mit kaltem Wasser abspülen,
trockentupfen und längs halbieren. Auf jedes
Schnitzel zwei Sardellenstreifen über Kreuz legen
und mit Kapern bestreuen.

Zutaten für 4 Personen

8 Eßlöffel Paniermehl
1 Ei
4 dünne Schweineschnitzel
(à 180 g)
Salz
schwarzer Pfeffer
Butterschmalz zum Braten
4 Sardellenfilets
1–2 Eßlöffel Kapern

Böfflamott

**1 kg Rindfleisch
(möglichst Beinfleisch)
3 Eßlöffel Schweineschmalz
1 gute Prise Zucker
2–3 Eßlöffel Mehl
Für die Beize:
je 1 große Möhre und
Petersilienwurzel
1 Stück Sellerie
1 große Zwiebel
6–8 Nelken
3 Lorbeerblätter
je 1 Prise Majoran
und Thymian
einige weiße und schwarze
Pfefferkörner
Zucker
Essig
Wasser**

Das beliebte altbayrische Böfflamott stammt vom französischen „Bœuf à la Mode" ab. Vermutlich brachten französische Soldaten im vergangenen Jahrhundert das Rezept mit. Im Laufe der Zeit hat sich das Wort zu Böfflamott verändert.

Für die Beize das Gemüse putzen und würfeln. Die geschälte Zwiebel mit den Nelken spicken. Gemüse, Zwiebel und die übrigen Gewürze in eine Schüssel geben. Das Fleisch einlegen und soviel Wasser mit Essig vermischt aufgießen, daß das Fleisch von der Beize bedeckt ist. Die Schüssel zudecken und das Fleisch 6–8 Tage im Kühlschrank durchziehen lassen. Dabei die Beize öfters durchmischen.

Das Fleisch mit der Beize in einen hohen Topf geben, eventuell etwas salzen und alles 1 1/2–2 Stunden bei niedriger Hitze sieden lassen.

Kurz vor Ende der Garzeit das Schweineschmalz in einem Topf schmelzen lassen, Zucker und Mehl darin anschwitzen und unter Rühren die durchgeseihte Kochbrühe vom Fleisch angießen. Die Soße unter Rühren bei kleiner Hitze 15 Minuten kochen lassen. Dann das Fleisch in die Soße legen und darin noch etwas ziehen lassen. Das Böfflamott nach Geschmack noch mit etwas Essig und Zucker süßsäuerlich abschmecken.

Beilagen: Semmelknödel oder Salzkartoffeln, die man mit viel Petersilie bestreut.

Altbayrischer Schweinsbraten

Zutaten für 6–8 Personen

1–1,5 kg Schweinekeule
(Oberschale) oder Schweine-
schulter mit Schwarte
Salz
Pfeffer aus der Mühle
1 Eßlöffel Schmalz oder
Butter
1 Bund Suppengrün
1 Teelöffel Kümmel
1 Messerspitze Majoran
etwas dunkles Bier

Die Schwarte vom Fleisch diagonal einschneiden oder gleich beim Einkauf einschneiden
lassen.
Den Schweinebraten waschen, trockentupfen und
gründlich mit Salz und Pfeffer einreiben. Das Fett
in einem eisernen Schmortopf erhitzen und den
Braten darin von allen Seiten anbraten.
Das Suppengrün kleinschneiden und mit Kümmel
und Majoran in den Topf geben. Mit 1 Tasse Wasser aufgießen. Den Braten auf die untere Schiene
in den Backofen schieben und unter gelegentlichem Begießen mit dem Bratensaft in 1$^{1}/_{2}$–2 Stunden bei 220 Grad gar braten. Die letzten 30 Minuten immer wieder mit Bier bepinseln, damit die
Kruste schön knusprig wird. Den Braten herausnehmen und 10 Minuten stehen lassen.

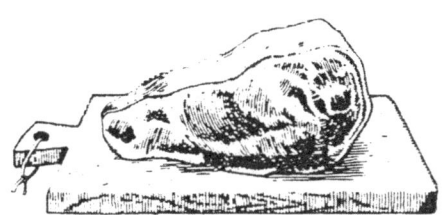

Den Bratensaft mit etwas Wasser ablöschen,
durch ein Sieb gießen, entfetten und evtl. noch
mit etwa Salz abschmecken. Zu dem aufgeschnit-
tenen Braten reichen.
Beilage: Kartoffelknödel, Blaukraut oder Sellerie-
salat.

Labskaus

Zutaten für 4 Personen

500 g gepökeltes Rindfleisch
$^1/_2$ l Wasser
4 Salzheringe (800 g)
500 g Kartoffeln
2 Zwiebeln
1 Eßlöffel Schweineschmalz
150 g Rote Bete
2 Gewürzgurken

Schon in der Zeit der Segelschiffahrt war Labskaus sozusagen das tägliche Brot der Matrosen. Pökelfleisch und Salzheringe machten es möglich, dieses Gericht an Bord zu kochen. Labskaus ist heute ein beliebtes, deftiges Gericht, das überall an den norddeutschen Küsten auf vielfache Art zubereitet wird. Nach alter Tradition wird es bei Schifferessen gereicht. Nicht selten auch bei Probefahrten neuer Schiffe. Hier haben Sie das typische Hamburger Labskaus.

Rindfleisch unter kaltem Wasser abspülen. Wasser in einem Topf aufkochen. Fleisch darin 45 Minuten garen. Salzheringe putzen und von den Gräten lösen. 20 Minuten in einer Schüssel wässern.
In der Zwischenzeit Kartoffeln schälen und waschen. In einem Topf mit kaltem, aber nicht gesalzenem Wasser aufsetzen und vom Kochen an in 20 Minuten garen. Abgießen und trockendämpfen.
Fleisch aus der Brühe nehmen, in grobe Stücke schneiden. Mit Kartoffeln und Heringen durch den Fleischwolf (feine Scheibe) drehen. Zwiebeln schälen und würfeln. Schweineschmalz in einem Topf erhitzen, Zwiebeln darin glasig werden lassen. Die Labskausmasse zugeben, unter ständigem Rühren erhitzen.
Rote Bete und Gewürzgurken klein würfeln. Unterheben. Eventuell nachsalzen.
Beilagen: Rote Bete, Salzgurken, längs aufgeschnitten, und pro Portion ein Spiegelei.

Schweinerippchen mit Backpflaumen

Damit Sie es beim Füllen leichter haben, lassen Sie sich die Rippen schon vom Fleischer knicken. Dann brauchen Sie zu Hause die Rippen nur umzubiegen.

Die am Vorabend in kaltem Wasser eingeweichten Pflaumen und Rosinen auf einem Sieb gut abtropfen lassen. In einer Schüssel mit Paniermehl, Zucker und einer Prise Salz mischen. Rum drübergießen. Zugedeckt 10 Minuten ziehen lassen. Fleisch unter fließend kaltem Wasser abspülen, mit Haushaltspapier gut trocknen. Die Innenseite mit Zwiebelsalz und Pfeffer einreiben. Die Füllung hineingeben. Die Rippen umknicken, so daß die Füllung ganz zugedeckt ist. Dann die Öffnung mit Rouladengarn zunähen. Fleisch außen auch mit Zwiebelsalz und Pfeffer einreiben.

Kokosfett oder Butterschmalz im Bräter erhitzen. Fleisch darin in 10 Minuten rundherum braun anbraten. Mit Fleischbrühe ablöschen. Zugedeckt 90 Minuten schmoren lassen. Nach und nach Wasser zugießen und das Fleischstück gelegentlich mit Bratfond übergießen.

Fleisch rausnehmen, in 2 cm dicke Scheiben schneiden und auf einer vorgewärmten Platte warm stellen. Speisestärke in einem Becher mit etwas kaltem Wasser glattrühren. In den Fond rühren. Soße 2 Minuten kochen lassen. Vom Herd nehmen. Soße abschmecken und getrennt servieren.

Beilagen: Rotkohl oder Sauerkraut und Salzkartoffeln oder Kartoffelklöße.

Zutaten für 4 Personen

Für die Füllung:
150 g Backpflaumen
50 g kernlose Rosinen
10 g Paniermehl
1 Teelöffel Zucker
Salz
1 Glas (2 cl) Rum (40%)
Für den Braten:
800 g Schweinerippchen
Zwiebelsalz
weißer Pfeffer
20 g Kokosfett oder
Butterschmalz
$1/8$ l heiße Fleischbrühe
$1/4$ l heißes Wasser
10 g Speisestärke

Rinderrouladen

Zutaten für 4 Personen

4 Rinderrouladen von je 150 g
(aus der Keule geschnitten)
1 Teelöffel scharfer Senf
weißer Pfeffer
Salz
50 g fetter Speck
1 große Zwiebel
2 große Gewürzgurken
50 g Kokosfett oder
5 Eßlöffel Öl
3/8 l heißes Wasser
4 Pfefferkörner
1/2 Lorbeerblatt
1 Eßlöffel Speisestärke

Es ist schwer, von einer typisch deutschen Küche zu sprechen. Dazu ist sie in den einzelnen Gegenden zu unterschiedlich. Aber die Rinderroulade kann man getrost als ein typisch deutsches Gericht bezeichnen. In manchen Gegenden des Rheinlandes besteht die Füllung lediglich aus einer Scheibe durchwachsenen Specks. Hier die Variation mit Speck, Zwiebel und Gurke.

Rouladen mit Haushaltspapier abtupfen. Mit dem Handballen leicht flachdrücken. Mit Senf bestreichen, mit Pfeffer und Salz bestreuen, Speck in dünne, 1/2 cm breite Streifen schneiden. Zwiebel schälen und halbieren. Gurken abtropfen lassen. Zusammen mit den Zwiebeln in dünne Streifen schneiden.
Speck, Zwiebeln und Gurken auf die Rouladen verteilen. Aufrollen. Mit Rouladenklammern, mit Spießchen oder mit Rouladengarn zusammenhalten. Kokosfett oder Öl in einem Topf rauchheiß erhitzen. Rouladen darin rundherum in 15 Minuten braun anbraten. Wasser zugießen. Pfefferkörner und Lorbeerblatt in den Topf geben. Rouladen zugedeckt 80 Minuten schmoren lassen. Rausnehmen und auf einer vorgewärmten Platte warm stellen. Speisestärke mit etwas kaltem Wasser in einem Becher glattrühren. Bratfond damit binden, einmal aufkochen lassen. Soße durch ein Sieb gießen. Mit Salz und Pfeffer pikant abschmecken und gesondert servieren.
Beilagen: Apfelrotkohl, Rosenkohl oder Schwarzwurzeln und Salzkartoffeln.

Schweinepfeffer

Fleisch unter kaltem Wasser abspülen. Mit Haushaltspapier abtrocknen und in 2 bis 3 cm große Würfel schneiden.

Speck fein würfeln. In einem Topf in 3 Minuten glasig braten. Zwiebel schälen, würfeln und im Speckfett 3 Minuten braten. Dann das Fleisch in den Topf legen. Rundherum in 10 Minuten anbraten. Kräftig mit Pfeffer und Paprika würzen. Essig zufügen.

Nach und nach die heiße Fleischbrühe zugießen. Das Lorbeerblatt hineingeben. 60 Minuten zugedeckt bei schwacher Hitze schmoren lassen. Mehl mit wenig kaltem Wasser in einem Becher verquirlen. In den Schweinepfeffer rühren und noch 10 Minuten kochen lassen. Mit Salz, Pfeffer und Essig abschmecken. In einer vorgewärmten Schüssel servieren.

Zutaten für 4 Personen

750 g Schweinefleisch
aus der Keule
50 g durchwachsener Speck
1 Zwiebel
schwarzer Pfeffer
2–3 Eßlöffel Essig
1 Teelöffel Paprika edelsüß
$^3/_8$ l heiße Fleischbrühe
1 Lorbeerblatt
20 g Mehl
Salz

Schweinepfeffer wird noch etwas kräftiger im Geschmack, wenn Sie das Fleisch vorher beizen. Für die Beize je 1 Möhre, Zwiebel und Petersilienwurzel, geputzt und kleingeschnitten, mit 1 Lorbeerblatt, 5 Gewürzkörnern und dem gewürfelten Fleisch in einem Steinguttopf mischen. Mit je $^1/_8$ l Weißwein und Weinessig übergießen. Zugedeckt 24 Stunden an einem kühlen Ort ziehen lassen. Die Zubereitung ist die gleiche wie im oben angegebenen Rezept. Auf die Beigabe von Essig verzichten, wenn Sie 3 Eßlöffel Beize in den Bratfond geben.

Geflügel und Wild

Huhn in Weißwein

Zutaten für 4 Personen

1 Mastpoularde
von 1,2–1,5 kg
150 g durchwachsener
geräucherter Speck
16 Schalotten
2 Knoblauchzehen
Salz
weißer Pfeffer
1 Eßlöffel Mehl
1 Zweig Thymian
1/2 Lorbeerblatt
2 cl Tresterschnaps
1 Flasche Weißwein
(z. B. Gutedel 0,75 l)
100 g Sahne

Die Poularde waschen, mit einem Küchentuch trockentupfen und mit einem scharfen Messer oder einer Küchenschere in 8 Teile zerlegen, dabei das Rückgrat entfernen.

Den Speck in Würfel schneiden, die Schalotten abziehen, Knoblauch schälen und fein hacken. Die Speckwürfel in einem Schmortopf oder einem feuerfesten Steinguttopf glasig braten und die Schalotten darin unter Rühren hellgelb rösten, Knoblauch zugeben. Speckwürfel und Schalotten mit einer Schöpfkelle herausnehmen.

Die Geflügelteile mit Salz und Pfeffer einreiben, in dem Mehl wenden – überflüssiges Mehl abklopfen – und in dem Speckfett von allen Seiten goldgelb braten. Thymian und Lorbeerblatt hinzufügen und mit dem Tresterschnaps übergießen. Die Speckwürfel und die Schalotten in den Topf geben. Den Wein über die Poularde gießen und alles zugedeckt bei leichter Hitze etwa eine Stunde auf dem Herd schmoren lassen.

Die Geflügelstücke herausnehmen und zugedeckt warm stellen. Die Sahne in die Soße rühren und im offenen Topf etwas einkochen lassen. Die Poulardenteile wieder in die Soße geben und noch einmal darin durchkochen. In einer vorgewärmten Terrine anrichten.

Beilage: Bandnudeln oder Petersilienkartoffeln und Mangoldgemüse.

Fasan badische Art

Fasan unter fließendem Wasser abspülen. Mit Haushaltspapier trockentupfen. Innen und außen mit Salz einreiben und leicht pfeffern. Flügel und Keulen mit einem Faden festbinden (dressieren heißt das in der Fachsprache). Dann in den Bräter legen, mit zerlassener Butter begießen und mit den Speckscheiben belegen. Besonders Brust und Keulen sollen davon bedeckt sein. In den vorgeheizten Ofen schieben. Bei größeren Fasanen untere Schiene, bei kleinen obere. Bratzeit: 60 bis 90 Minuten bei 200 Grad. Während der Bratzeit nach und nach mit dem heißen Wasser begießen und gelegentlich Bratfond überschöpfen. Nach 30 Minuten das Suppengemüse, Lorbeerblatt und die Wacholderbeeren zufügen. 10 Minuten vor Ende der Garzeit die Speckscheiben abnehmen und aufbewahren. Fasan aus dem Backofen nehmen. Faden entfernen. Auf einer vorgewärmten Platte warm stellen. Bratfond loskochen. Rotwein angießen. Speisestärke mit kaltem Wasser anrühren. Bratfond damit binden. In Streifen oder Würfel geschnittene Speckscheiben in der Soße erhitzen. Topf vom Herd nehmen. Sahne und Weintrauben reinrühren. Soße abschmecken und noch einmal bis kurz vorm Siedepunkt erhitzen.
Fasan und Soße getrennt reichen.
Beilagen: Sauerkraut und Schupfnudeln.

Zutaten für 4 Personen

1 Fasan von 1 kg oder zwei Fasane von je 500 g, küchenfertig
Salz
Pfeffer
50 g Butter
150 g geräucherter durchwachsener oder fetter Speck in Scheiben
1/4 l heißes Wasser
1 Bund Suppengemüse, fein geschnitten
1 Lorbeerblatt
3 Wacholderbeeren
2 Teelöffel Speisestärke
1 Glas Rotwein
1/8 l Sahne
200 g Weintrauben, halbiert und entkernt

Rehrücken Baden-Baden

Zutaten für 4 Personen

---

1 Rehrücken (etwa 2 kg)
Salz
Pfeffer
Paprika
200 g Räucherspeckscheiben
100 g Butter oder Margarine
4 Wacholderbeeren
etwas Thymian
1 Eßlöffel rotes
Johannisbeergelee
1 Glas kräftiger Rotwein
$1/8$ l Sahne
250 g Birnen
30 g Butter oder Margarine
$1/8$ l Weißwein
1 Nelke
etwas Zimt
3 Pfefferkörner
$1/2$ Lorbeerblatt
1 Teelöffel Zucker
2 Eßlöffel rotes Johannisbeergelee oder Preiselbeerkompott

Rehrücken enthäuten, waschen, abtrocknen, mit Salz und Pfeffer einreiben und dicht mit Speckscheiben belegen. Den Rehrücken in eine Bratenpfanne mit heißer Butter übergießen und in etwa 40 Minuten bei 250 Grad bräunen, innen schön rosa braten. Von Zeit zu Zeit nochmals Butter übergießen. In den letzten 15 Minuten Speck abnehmen, den Rücken vollends bräunen und garen.

Braten auf einer vorgewärmten Platte anrichten, mit einem Teil der Speckscheiben belegen und mit Alufolie abdecken. Bratensatz mit Wacholderbeeren und Thymian kräftig durchkochen, durch ein Sieb geben, mit Johannisbeergelee, Rotwein und Sahne verfeinern, nochmals aufkochen und abschmecken.

Während der Braten gart, Birnen schälen, halbieren, Kerngehäuse so ausschneiden, daß eine Höhlung entsteht. Die Birnen in Fett andünsten, mit Weißwein, Gewürzen und Zucker gar, aber nicht zu weich dünsten. Johannisbeergelee in die Höhlungen geben und den Rehrücken mit den Birnen umlegt auftragen. Dazu passen Spätzle oder Kartoffelpüree.

Rehrücken ist das ganze Jahr im Handel erhältlich. Wenn Sie gefrorenes Rehfleisch kaufen, sollten Sie es höchstens 12 Monate in der Gefriertruhe lagern. Lassen Sie den Rehrücken langsam im Kühlschrank auftauen, bevor er zubereitet wird.

Rebhuhn mit Kraut

Speck fein würfeln. Margarine in einem großen Topf erhitzen. Speck darin in 3 Minuten anbraten. Wieder rausnehmen. Geschälte, kleingeschnittene Zwiebel in dem heißen Fett in 3 Minuten glasig werden lassen. Auch wieder rausnehmen. Beiseite stellen.

Geputzten, gewaschenen, in Streifen geschnittenen Wirsing in den Brattopf geben. Mit Wein und Fleischbrühe begießen. Umrühren und bei schwacher Hitze 30 Minuten zugedeckt kochen lassen. Speck- und Zwiebelwürfel wieder reingeben.

In der Zwischenzeit die Rebhühner unter fließend kaltem Wasser innen und außen abspülen. Mit Haushaltspapier trockentupfen. Innen und außen mit Salz und Pfeffer einreiben. Wacholderbeeren zerdrücken und auf die Rebhühner verteilen. Speck in dünne Scheiben schneiden. Rebhühner damit umwickeln. Mit einem Faden festbinden. Margarine im Topf erhitzen. Rebhühner reingeben und in 10 Minuten rundherum kräftig anbraten. Rausnehmen und in einer Schüssel warm stellen. Speisestärke in einer kleinen Schüssel mit kaltem Wasser verquirlen. Unter Rühren zum Kraut geben und einmal aufkochen lassen.

Kraut in eine feuerfeste Form geben. Rebhühner obendrauf legen. In den auf 200 Grad vorgeheizten Ofen auf die mittlere Schiene schieben. Bratzeit: 30 Minuten (nach 15 Minuten Rebhühner wenden und 5 Minuten später den Speckmantel entfernen).

Beilagen: Maronen und Kartoffelpüree.

Zutaten für 4 Personen

Für den Kohl:
100 g durchwachsener Speck
20 g Margarine
1 große Zwiebel
1 kg Wirsingkohl
$3/8$ l Weißwein
$1/8$ l heiße Fleischbrühe
aus Würfeln
Für die Rebhühner:
4 küchenfertige
Rebhühner (je 300 g)
Salz
Pfeffer
6 Wacholderbeeren
150 g geräucherter fetter
Speck in Scheiben
40 g Margarine
Außerdem:
20 g Speisestärke

Gefüllte Tauben

Zutaten für 4 Personen

**4 frische junge Tauben
(mit Innereien)
Salz
Pfeffer aus der Mühle
1 kleiner Zweig Rosmarin
100 g Butter zum Anbraten
und zum Verfeinern der Soße
Für die Füllung:
150 g entrindetes Weißbrot
$1/8$ l Milch
50 g Butter
3 Eier
4 Eßlöffel gehackte Petersilie
Thymian
Majoran
Salz
Pfeffer aus der Mühle
frischgeriebene Muskatnuß**

Für die Füllung das entrindete Weißbrot in Würfel schneiden. Milch erhitzen und über die Brotwürfel gießen.

Die Täubchen ausnehmen, Leber, Nieren und Herz beiseite legen. Die Tauben von Kopf und Füßen befreien und waschen. Die Haut über der Brust vorsichtig mit den Fingern vom Hals her lösen und die Täubchen von innen und außen kräftig mit Salz, Pfeffer, aber nur mit einigen Rosmarinnadeln bestreuen.

Leber und Nieren fein hacken. Das eingeweichte Weißbrot gut ausdrücken. Die Butter zerlassen und mit dem Weißbrot, den Eiern, den Innereien und den Gewürzen gründlich vermischen. Die Weißbrotfüllung vorsichtig zwischen Haut und Brustfleisch der Täubchen streichen. Die Täubchenherzen mit einem Rest der Füllung umhüllen und in die Täubchen legen. Die Flügel verkreuzen. 50 g Butter in einer Kasserolle auf dem Herd erhitzen und die Täubchen darin anbraten. Auf die mittlere Schiene in den vorgeheizten Backofen stellen und gut zugedeckt 30 Minuten bei 200 Grad braten lassen. Zwischendurch mit etwas Wasser begießen.

Die Täubchen herausnehmen und warmstellen. Den Bratensatz mit wenig Wasser loskochen, 2 Minuten einkochen lassen und die restliche frische Butter in Flöckchen unterziehen. Die Soße eventuell mit etwas Salz abschmecken. Die Täubchen mit der Soße umgossen servieren.

Beilage: Junges Frühlingsgemüse wie Spargel und einen Frankenwein.

Fränkischer Wildschweinbraten

Ein besonderer Genuß ist das Fleisch von jungen Wildschweinen, die bis zu einem Jahr als Frischlinge gelten. Wenn Sie es kaufen, ist es bereits abgehangen und küchenfertig vorbereitet.

Fleisch unter kaltem Wasser abspülen. Mit Haushaltspapier trockentupfen. Speck in 1 cm dicke Streifen schneiden. Keule damit spicken. Dann kräftig mit Salz und Pfeffer einreiben. Öl im großen Bräter erhitzen. Fleisch darin 10 Minuten rundherum anbraten.
Zwiebel schälen und grob würfeln. Suppengrün putzen, waschen und kleinschneiden. Beides zum Fleisch geben. Auch die zerdrückten Pfefferkörner. Weitere 10 Minuten bräunen.
Dann den Weißwein angießen und den Topf in den vorgeheizten Ofen auf die mittlere Schiene schieben. Bratzeit: 60 Minuten bei 220 Grad. Nach und nach die heiße Fleischbrühe angießen. Häufig mit Fond überschöpfen. Nach 30 Minuten Bratzeit die saure Sahne über den Braten gießen. Aus dem Ofen nehmen. Auf einer vorgewärmten Platte anrichten. Bratfond loskochen, durchsieben, erhitzen und mit in kaltem Wasser angerührtem Mehl binden. 5 Minuten kochen lassen. Johannisbeergelee reinrühren. Mit Salz und Pfeffer abschmecken.
Beilagen: Kraut und Klöße.

Zutaten für 6 Personen

1,5 kg Frischlingskeule
100 g geräucherter fetter Speck
Salz
schwarzer Pfeffer
10 Eßlöffel Öl
1 dicke Zwiebel
1 Bund Suppengrün
1 Teelöffel zerdrückte Pfefferkörner
$1/8$ l Weißwein
$1/2$ l heiße Fleischbrühe aus Würfeln
$1/8$ l saure Sahne
20 g Mehl
2 Eßlöffel Johannisbeergelee

Martinsgans

Zutaten für 6 Personen

1 bratfertige
Frühmastgans von 4 kg
Salz
weißer Pfeffer
500 g Kastanien
4 kleine Äpfel
1 Teelöffel getrockneter
Beifuß
³/₈ l heißes Wasser
4 Eßlöffel helles Bier
2 Eßlöffel Rotwein
1 Eßlöffel Speisestärke
1 Bund Petersilie

Gans unter kaltem Wasser innen und außen abspülen. Mit Haushaltspapier abtrocknen. Mit Salz und Pfeffer einreiben. Die Kastanien an der Innenseite mit einem spitzen Messer einritzen, bei 175 Grad in den Backofen geben und etwa 40 Minuten rösten. Dann herausnehmen, etwas abkühlen lassen und schälen, dabei auch die feinen Häutchen entfernen.

Äpfel schälen und in Scheiben schneiden. Mit den Kastanien in die Gans füllen. Beifuß reinstreuen. Mit Zahnstochern zustecken. Gans mit der Brustseite nach unten in einen Bräter legen. Die Haut mit einer Gabel mehrmals einstechen, damit das Fett austreten kann. ¹/₄ l heißes Wasser zugießen. Bräter in den vorgeheizten Ofen auf die mittlere Schiene stellen. 150 Minuten bei 250 Grad braten. Zwischendurch immer wieder mit Bratfond begießen. Nach 70 Minuten wenden. 15 Minuten vor Ende der Garzeit das Bier drübergießen.

Gans aus dem Ofen nehmen und auf einer Platte warm stellen. Fett vom Bratfond abschöpfen. Fond mit restlichem Wasser loskochen. Durchsieben. Rotwein und Speisestärke in einem Becher anrühren und die Soße damit binden. Abschmecken. Gans mit gewaschener, trockengetupfter Petersilie garniert servieren. Soße getrennt reichen.

Beilagen: Rotkohl und Kartoffelklöße.

 Sie können zusätzlich noch 100 g Rosinen in die Gans füllen.

Hamburger Stubenküken

Hamburger Stubenküken werden in den fruchtbaren benachbarten Vierlanden mit Spezialfutter und in dunklen Ställen (den Stuben) gemästet. Sie wiegen zwischen 150 und 200 g. Man bekommt sie in Hamburg vor allem im zeitigen Frühjahr. So bereitet man das Gericht zu:

Zutaten für 4 Personen

8 bratfertige Stubenküken (ca. 1,2 kg)
Salz
100 g Butter
1/8 l heißes Wasser
Champignons aus der Dose

Küken innen und außen mit Wasser abspülen. Mit Haushaltspapier trockentupfen. Innen und außen wenig salzen. Flügel mit einem Bindfaden an den Körper binden, also die Vögel dressieren.
Butter in einem großen, wenn möglich in einem Eisentopf erhitzen. Küken darin in 10 Minuten rundherum anbraten. Heißes Wasser angießen. Deckel drauflegen. Bei mittlerer Hitze 15 Minuten braten. Abgetropfte Champignons 5 Minuten vor Ende der Garzeit in den Topf geben.
Stubenküken aus dem Topf nehmen, auf einer vorgewärmten Platte anrichten. Mit Bratfond und Champignons übergießen.
Beilagen: Kopfsalat und neue, in Butter geschwenkte Kartoffeln.

Huhn im Salzteig

Zutaten für 3–4 Personen

---

1 Poularde (1,5–1,8 kg)
Salz
weißer Pfeffer
1 Zweig Rosmarin
1 Lorbeerblatt
4 Geflügellebern
1 kg Mehl
1 kg grobes Salz
(Meersalz)
1/2 l Wasser

Die Poularde innen mit Salz und Pfeffer würzen. Rosmarin, Lorbeerblatt und die Geflügellebern in das Innere geben. Die Öffnung mit einem Baumwollfaden zunähen.

Das Mehl und das grobe Salz in einer großen Schüssel mit 1/2 l Wasser zu einem gleichmäßigen Teig verkneten. Auf einem leicht bemehlten Tisch mit der Hand zu einer runden Platte ausdrücken. Die Poularde mit dem Salzmehlteig umhüllen, dabei die Ränder fest zusammendrücken. Auf eine feuerfeste Platte legen und auf die untere Schiene in den auf 160 Grad vorgeheizten Backofen stellen. In reichlich 11/2 Stunden garen.

Die fertige Poularde auf ein Brett geben und 30 Minuten ruhen lassen. Die harte Kruste mit einem scharfen Messer oder einer Küchenschere durchschneiden.

Die Poularde tranchieren und auf einer vorgewärmten Platte anrichten. Die noch rosigen Geflügellebern dazulegen.

Beilage: Kartoffelplätzchen (Bauchstecherla) und Kressesalat.

Gefüllter Gänsebraten

ie ausgenommene Gans (Herz und Leber beiseite legen) von innen und außen waschen und mit einem Küchentuch abtrocknen. Aus dem restlichen Gänseklein, kleingeschnittenem Suppengrün und Salz eine Brühe kochen.

Gänseherz, in Stücke geschnittene Gänseleber, Bratwurstfülle und das gut ausgedrückte Toastbrot in einer Küchenmaschine pürieren. Die geschälte, in kleine Würfel geschnittene Zwiebel, Schalotte und Knoblauchzehe hinzufügen. Herzhaft mit Petersilie, Salz und Pfeffer würzen. In die Gans füllen und mit einem Baumwollfaden zunähen.

Die Zutaten für die Soße in einen Topf geben und 5 Minuten kochen lassen. Die Gans mit der Brustseite nach unten in eine Bratenpfanne legen, die Soße zugießen. Die Gans auf die untere Schiene in den Backofen stellen. Bei 200 Grad eine gute Stunde braten, dann wenden, die Keulen am unteren Ende mit einer Gabel einstechen, damit das Fett herausbraten kann, und das bisher herausgetretene Fett abschöpfen. Nach einer weiteren Bratzeit von etwa 1 1/2 Stunden (Bratzeit pro kg Gans 25 Minuten) die Gans mit etwas Bier einpinseln, damit die Haut schön knusprig wird. Dann herausnehmen und warm stellen.

Die Bratensoße entfetten, durchsieben und mit einer Tasse Gänsebrühe aufgießen, mit Majoran würzen und einkochen lassen. Die Füllung vorsichtig aus der Gans holen und in Scheiben schneiden. Die tranchierte Gans auf einer großen Platte anrichten. Die Soße getrennt reichen.
Beilagen: Blaukraut und Kartoffelklöße.

Zutaten für 4 Personen

1 junge Mastgans
mit Innereien (ca. 3,5 kg)
1/2 Bund Suppengrün
Salz
1 Gänseherz
1 Gänseleber
200 g Bratwurstfülle (Brät)
4 Scheiben Toastbrot,
in Milch eingeweicht
1 Zwiebel
1 Schalotte
1 Knoblauchzehe
(kann entfallen)
1 Eßlöffel gehackte Petersilie
schwarzer Pfeffer
Für die Soße:
1 l Apfelmost
1/2 l Wasser
2 Zwiebeln, gehackt
2 Bund Suppengemüse,
geputzt und kleingeschnitten
Salz
Pfeffer
Außerdem:
Bier zum Bestreichen der Gans
1 Teelöffel Zucker
Majoran

Ente Lübscher Art

Zutaten für 4 Personen

1 junge Ente (1,5–2 kg)
Salz
weißer Pfeffer
1 Eßlöffel Butter
1 Entenleber
knapp 1/4 l Weißwein
Für die Füllung:
100 g Rosinen
2 cl Rum
3 säuerliche Äpfel
1 Eßlöffel Entenfett
250 g Weißbrotwürfel
Salz
je 1 Messerspitze Salbei,
Kardamom, Zimt
2–3 Eßlöffel Weißwein

Für die Füllung die Rosinen im Rum einweichen und etwas ziehen lassen. Die Äpfel waschen, schälen, vierteln, das Kerngehäuse entfernen. Apfelstücke würfeln.

Das Entenfett in einer Pfanne erhitzen und die Apfelwürfel darin andünsten. Die Brotwürfel hinzufügen. Mit Salz und den Gewürzen abschmecken und die Rosinen in den Topf geben. Unter Rühren einige Eßlöffel Weißwein daruntermischen, so daß eine geschmeidige Masse entsteht.

Die Ente waschen und abtrocknen. Innen und außen mit Salz und Pfeffer einreiben. Die Füllung in die Ente geben, dabei einen Eßlöffel für die Soße zurückbehalten. Die Öffnung der Ente zunähen.

Den Backofen auf 200 Grad vorheizen.

In einem eisernen Schmortopf die Butter auf dem Herd erhitzen und die Ente darin von allen Seiten anbraten. Den Topf verschließen und auf die untere Schiene in den Backofen stellen. Die Ente 30 Minuten braten lassen. Den Deckel abnehmen und die Ente mit der Brustseite nach oben in weiteren 45 Minuten goldbraun braten. Regelmäßig mit dem Bratensaft begießen. Die fertige Ente herausnehmen und warmstellen. Den Bratensaft entfetten. Die Entenleber in Würfel schneiden und in dem Bratenfond kurz andünsten. Die zurückbehaltene Füllung hinzugeben, mit dem Weißwein aufgießen und aufkochen lassen.

Vorsichtig die Füllung aus der Ente nehmen und in Scheiben schneiden. Die Ente tranchieren und auf einer vorgewärmten Platte mit der Füllung anrichten. Die Soße getrennt reichen.

Rehschnitzel in Rahmsoße

Rehschnitzel abspülen und abtrocknen. Mit dem in ¹/₂ cm dicke Streifen geschnittenen Speck schräg zur Faser spicken. Mit Salz und Pfeffer einreiben. In Mehl wenden.

Öl in einer Pfanne erhitzen. Schnitzel darin auf beiden Seiten je 6 Minuten braten. Sie sollen innen noch leicht rosa sein. Auf einer vorgewärmten Platte anrichten. Bratfond mit 4 Eßlöffel heißem Wasser loskochen. Johannisbeergelee und saure Sahne reinrühren. Soße über die Schnitzel gießen.

Beilage: In Butter geschwenkte Eierspätzle und als Getränk einen Trollinger.

Zutaten für 4 Personen

4 Rehschnitzel (je 150 g)
50 g geräucherter fetter Speck
Salz
schwarzer Pfeffer
2 Eßlöffel Mehl
4 Eßlöffel Öl
1 Eßlöffel Johannisbeergelee
1 Becher saure Sahne

Desserts und
süße Hauptspeisen

Rote Grütze

Zutaten für 4 Personen

375 g rote Johannisbeeren
250 g Himbeeren
3/4 l Wasser
250 g Zucker
1/4 Vanilleschote
250 g entsteinte
Sauerkirschen
60 g Stärkemehl

Die gewaschenen roten Johannisbeeren entstielen, die Himbeeren nur waschen. Mit 1/2 l Wasser bedeckt beide Beerensorten 5 Minuten kochen lassen.

Die Früchte mit dem Saft durch das Sieb in einen Topf streichen. Das Fruchtmus (es soll ca. 3/4 Liter sein) mit dem Zucker und der aufgeschlitzten Vanilleschote zum Kochen bringen. Die Sauerkirschen hinzufügen.

Die Stärke mit dem restlichen Wasser glattrühren. Unter ständigem Rühren an die kochende Fruchtmasse geben. Einige Male aufwallen lassen. Die Grütze in kalt ausgespülte Förmchen füllen und mit etwas Zucker bestreuen, damit sich keine Haut bildet.

Beilage: Vanillesoße, kalte Milch oder eisgekühlte Sahne.

Backobstkompott

Zutaten für 4 Personen

250 g Backobst
1/2 l Wasser
4 Eßlöffel Zucker
Schale einer halben Zitrone
1 gestrichener Teelöffel
Speisestärke

Trockenobst waschen. Über Nacht in 1/2 l Wasser einweichen. Obst rausnehmen. Wasser mit Zucker und Zitronenschale aufkochen. Obst reingeben und bei schwacher Hitze 20 Minuten garen.

Speisestärke mit kaltem Wasser anrühren. Ins Kompott geben und kurz aufkochen.

Wozu reichen? Backobstkompott ist die ideale Beilage zu Hefe- oder Kartoffelklößen, Sauerbraten, Schmorbraten oder Pfannkuchen.

Sahne-Bratapfel

Ein Dessert für kalte Wintertage, das mit seinem lieblichen Duft das ganze Haus erfüllen und längst versunkene Kindheitserinnerungen wecken wird.

Äpfel waschen und abtrocknen. Blüten und Stiele entfernen. Kerngehäuse ausstechen. Ein Backblech mit etwas Butter einfetten. Die Äpfel aufs Blech stellen und die restliche Butter in Flöckchen auf die Ränder der Aushöhlungen verteilen. In den vorgeheizten Ofen auf die mittlere Schiene schieben und die Äpfel 15 Minuten bei 220 Grad braten.
In der Zwischenzeit Sahne mit Vanillinzucker in einer Schüssel steif schlagen und in den Kühlschrank stellen. Bratäpfel rausnehmen. Sofort servieren. Sahne getrennt dazu reichen.

 Sie können die Sahne-Bratäpfel darüber hinaus vielfach variieren. Füllen Sie die Aushöhlungen mit rumgetränkten Rosinen, kandierten oder Rumtopf-Früchten und blättrig geschnittenen Mandeln, Haselnüssen oder mit Honig. Sehr fein ist auch die Füllung mit Zucker und Zimt; dann aber die Schlagsahne nicht mit Vanillinzucker süßen. Sonst wird's zu süß.

Zutaten für 4 Personen

4 Boskop-Äpfel
4 Teelöffel Butter
$^1/_4$ l Sahne
1 Päckchen Vanillinzucker

Arme Ritter mit Apfelweinsoße

Zutaten für 4 Personen

Für die Soße:
3/8 l Apfelwein
1/8 l Wasser
65 g Zucker
2 Eßlöffel Speisestärke
3 Eigelb
3 Eiweiß
Für die Armen Ritter:
8 altbackene Brötchen
1 l heiße Milch
2 Eier
1 Eßlöffel Zucker
Salz
abgeriebene Schale
einer halben Zitrone
1 Eßlöffel Zucker
1 Messerspitze
gemahlener Zimt
100 g Margarine

Für die Soße Apfelwein mit Wasser und Zucker in einem Topf aufkochen. Speisestärke mit kaltem Wasser anrühren, zum Apfelwein gießen, unter Rühren aufkochen und auf kleiner Flamme in 3 Minuten dick werden lassen. Vom Herd nehmen. Eigelb in einer Tasse mit 4 Eßlöffel heißer Soße verquirlen, wieder in die Soße rühren. Eiweiß steif schlagen. Auch unter die Soße heben. Abkühlen lassen.

Die Brötchen rundum abreiben. Halbieren. Abgeriebene Semmelbrösel auf einem Teller beiseite stellen. Milch, Eier, Zucker, Salz und Zitronenschale in einer Schüssel verquirlen. Brötchen reingeben und 15 Minuten durchziehen lassen. Ab und zu wenden. Rausnehmen und abtropfen lassen. Zucker, Zimt und die Semmelbrösel mischen. Die Brötchen darin wenden.

Margarine in einer Pfanne erhitzen und die Armen Ritter darin rundherum in 5 Minuten goldbraun backen. Abtropfen lassen und mit der Soße servieren.

 Anstelle der Soße können Sie auch Apfelmus oder Kompott dazu reichen.

Brotpudding nach alter Art

Mit einer leichten Suppe vorweg ist der Brotpudding ein süßes Hauptgericht. Im Rheinland wird dazu eine Weinschaumsoße gereicht. Eine gelungene Kombination, die Sie unbedingt probieren sollten!

Vom Weißbrot die Rinde abschneiden. Brot in Milch einweichen. Margarine im Topf zerlassen und das eingeweichte Brot darin erwärmen. Topf von der Kochstelle nehmen, etwas abkühlen lassen.
Eigelb nach und nach unterrühren. Zucker, Rosinen, abgeriebene Zitronenschale und abgezogene, gemahlene Mandeln zugeben. Eiweiß zu steifem Schnee schlagen und unterziehen. In eine gut gefettete Auflaufform füllen. In den vorgeheizten Ofen schieben. 30 Minuten bei 200 Grad backen.

Zutaten für 4 Personen

6 Scheiben Weißbrot
knapp $1/4$ l Milch
75 g Margarine
3 Eigelb
1 Eßlöffel Zucker
100 g Rosinen
abgeriebene Schale
einer halben Zitrone
2 bittere, gemahlene Mandeln
14 süße, gemahlene Mandeln
3 Eiweiß
Margarine zum Einfetten

Weinschaumsoße

Eier, Zucker, Weißwein und Zitronensaft in einem hohen Topf gut miteinander verrühren. Im Wasserbad so lange schlagen, bis eine cremige Masse entsteht. Nicht kochen lassen! Geriebene Zitronenschale untermischen. Sofort heiß zum Brotpudding servieren.

Zutaten für 4 Personen

3 Eier
100 g Zucker
$1/4$ l Weißwein
2 Eßlöffel Zitronensaft
abgeriebene Schale
einer halben Zitrone

Apfelküchle

Zutaten für 4 Personen

5–6 säuerliche Äpfel
2 cl Rum
Butter
Butterschmalz oder Schweineschmalz zum Ausbacken
Zucker und Zimt zum Wenden
Für den Ausbackteig:
100 g Mehl
3 Eier, getrennt
1 Eßlöffel Zucker
1 Prise Salz
etwas abgeriebene Schale von
einer unbehandelten Zitrone
1/8 l helles Bier

Für den Ausbackteig das Mehl in eine Schüssel geben. Eigelb, Zucker, Salz und Zitronenschale hinzufügen und unter ständigem Rühren mit einem Schneebesen das Bier hinzugießen. So lange rühren, bis ein glatter Teig entstanden ist. Eine Stunde stehen lassen.

Inzwischen die Äpfel schälen, mit einem Ausstecher die Kerngehäuse entfernen und die Äpfel in 1 cm dicke Ringe schneiden. Mit Rum beträufeln. Eiweiß steif schlagen und unter den Teig ziehen. Das Ausbackfett in einer tiefen Pfanne erhitzen, bis sich um einen hineingehaltenen Holzlöffelstiel kleine Bläschen bilden. Die Apfelringe der Reihe nach in dem Ausbackteig wenden und in dem heißen Fett schwimmend von beiden Seiten goldbraun backen. Mit einem Schaumlöffel herausheben und auf Küchenpapier gut abtropfen lassen. Die Apfelküchle in Zimtzucker wenden und noch warm servieren.

 Sie können die Küchle als Nachtisch mit Vanillesoße reichen oder zum Kaffee servieren.

Weincreme

Gelatine in einer Schüssel mit kaltem Wasser 10 Minuten einweichen.
Eigelb in einer feuerfesten Schüssel mit Zucker und Vanillinzucker schaumig rühren. Weißwein, Orangen- und Zitronensaft zugeben. Im kochenden Wasserbad in 3 Minuten cremig schlagen. Rausnehmen. Ausgedrückte Gelatine in die heiße Creme rühren. So lange rühren, bis sich die Gelatine aufgelöst hat. Creme abkühlen lassen. Dann im Kühlschrank erstarren lassen.
Eiweiß in einer Schüssel zu festem Schnee schlagen. Sahne auch steif schlagen. Kurz bevor die Creme ganz fest wird, zuerst den Eischnee, dann die Sahne unterheben. Bitte die Reihenfolge beachten.
Löffelbiskuits mit Orangenlikör beträufeln. Die Hälfte der Creme in Gläser füllen. Darauf die Löffelbiskuits legen. Mit der restlichen Creme bedecken. 60 Minuten zugedeckt in den Kühlschrank stellen. Weintrauben waschen, Beeren von den Stielen zupfen. Entkernen. Creme damit garnieren und kühl servieren.
Wann reichen? Als Dessert oder als sommerliche Erfrischung.

Zutaten für 4 Personen

6 Blatt weiße Gelatine
4 Eigelb
75 g Zucker
1 Päckchen Vanillinzucker
$1/4$ l herber Weißwein
Saft einer Orange
Saft einer Zitrone
2 Eiweiß
$1/4$ l Sahne
12 Löffelbiskuits
2 Glas (je 2 cl) Orangenlikör
Zum Garnieren:
250 g blaue Weintrauben

 Statt mit Orangenlikör kann man die Löffelbiskuits auch mit Weinbrand beträufeln.

Dampfnudeln

Zutaten für 4 Personen

500 g Mehl
50 g Zucker
30 g Hefe
1/4 l Milch
1 Ei
50 g Butter
abgeriebene Schale einer
ungespritzten Zitrone
1 Prise Salz
Zum Dämpfen:
1/4 l Milch
40 g Butter
50 g Zucker
Salz

Was wäre die süddeutsche Küche ohne Dampfnudeln, diese köstlichen, lockeren Gebilde. Für den Fremden ist der Name allerdings etwas irreführend, denn mit üblichen Nudeln haben sie nichts gemeinsam. Man sieht und schmeckt es aber sofort.

Mehl in eine Schüssel sieben. Zucker am Rand um das Mehl streuen. In die Mitte eine Vertiefung drücken. Die Hefe zerbröckeln, in die Vertiefung geben und mit etwas lauwarmer Milch zu einem Brei verrühren, wobei etwas Mehl und Zucker beigemischt werden. Schüssel mit einem Tuch zudecken, an einen warmen Ort stellen.

Nach 15 Minuten hat die Hefemasse sich verdoppelt. Ei mit der restlichen Milch verquirlen, zu der Mehlmischung geben. Weiche Butter in Flöckchen draufsetzen. Zitronenschale und Salz reingeben. Alles kräftig durchkneten. Den Teig auf einem bemehlten Backbrett so lange schlagen, bis er Blasen wirft.

Teig zu einer Rolle formen, in 14 Teile schneiden. Glatte Bällchen formen und auf dem bemehlten Backbrett an einer warmen Stelle etwa 30 Minuten aufgehen lassen.

In einen nicht zu kleinen Topf die Hälfte von Milch, Butter, Zucker und Salz geben. 7 Bällchen hineingeben. Deckel schließen. Flüssigkeit zum Kochen bringen. Dann den Teig bei schwacher Hitze etwa 20 Minuten dämpfen. Dabei muß der Topfdeckel fest geschlossen bleiben. Mit den restlichen 7 Bällchen ebenso verfahren.

Beilagen: Kompott, Vanille- oder Weinschaumsoße.

Eierkuchen mit Kirschen

Kaum etwas essen Kinder (und auch erwachsene Leckermäuler) lieber als Eierkuchen. Wenn diese dann auch noch mit Kirschen belegt sind, ist eigentlich der Eierkuchengipfel erreicht. Eier trennen. Eigelb schaumig rühren, vorsichtig Mehl und Zucker druntergeben. Milch und Wasser dazu, glattrühren, salzen. Das Eiweiß zu Schnee schlagen, unterheben.

1 Eßlöffel Butter in der Pfanne erhitzen, $1/4$ des Teiges reingeben. Stocken lassen. $1/4$ der Kirschen drauf verteilen, mit 50 g Zwieback bestreuen. Unterseite goldgelb backen, dann den Eierkuchen vorsichtig mit Hilfe eines Deckels wenden. Gar backen. Auf einen Teller gleiten lassen. Mit Zucker bestreuen. Noch drei Eierkuchen backen.

Wann reichen? Mit einer Suppe vorweg als Hauptgericht oder aus der halben Menge als Dessert.

Zutaten für 4 Personen

4 Eier
4 Eßlöffel Mehl
2 Eßlöffel Zucker
$1/4$ l Milch
$1/4$ l Wasser
1 Prise Salz
4 Eßlöffel Butter
500 g Kirschen aus dem Glas (ohne Steine)
200 g gestoßener Zwieback
Zucker zum Bestreuen

Der Belag muß nicht unbedingt aus Kirschen bestehen. Ebenso gut schmecken Heidelbeeren, Himbeeren, auch Johannisbeeren oder Aprikosen.

Milchreis mit Zimtzucker

Zutaten für 4 Personen

---

250 g Rundkorn(Milch)reis
$1/2$ l Wasser
$3/4$ l Milch
80 g Zucker
Mark einer halben
Vanillestange
1 Prise Salz
Außerdem:
50 g Butter
je 40 g Zucker und Zimt

Milchreis ist heute noch beliebt als Nach-speise oder süßes Hauptgericht. Milchreis ist aber auch Bestandteil der sagenhaften Bergischen Kaffeetafel, dem „Koffedrenken met allem dröm und dran". Blatz, Waffeln, Schwarzbrot, Apfelkraut, Quark, Milchreis und natürlich viel Kaffee gehören mindestens dazu. Am Mittelrhein ißt man zu Milchreis mit Zimtzucker Reibekuchen.

Reis gründlich waschen. Wasser in einem Topf auf-kochen. Reis reingeben. 5 Minuten leicht kochen. Auf ein Sieb gießen. Gut abtropfen lassen. Milch, Zucker, Vanillemark und Salz in einen großen Topf geben. Aufkochen. Reis zufügen. Aufkochen. Bei kleiner Hitze in 60 Minuten gar quellen lassen. Butter in einer Pfanne erhitzen. Hell bräunen. Zucker und Zimt mischen. Milchreis in vier Teller füllen. Butter und Zimtzucker drüber verteilen. Wann reichen? Als Hauptgericht. Vorher gibt es eine leichte Gemüsesuppe.
Milchreis muß nicht immer mit Butter und Zimt-zucker serviert werden. Geben Sie ihm mal einen anderen Geschmack. Zum Beispiel so: Vor dem Servieren eingeweichte Rosinen reinrühren und mit Himbeersirup begießen. Oder vorsichtig gedünstete Apfelspalten, Backpflaumen, einge-machte Früchte, (Aprikosen, Sauerkirschen, Quit-ten usw.) unterheben und den eingekochten Fruchtsaft dazu reichen. Auch mit gemahlenen Nüssen vermischt und noch mit Schokoladen- oder Vanillesoße begossen schmeckt Milchreis sehr lecker.

Trunkene Jungfrauen

Zutaten für 4 Personen

Den Erwachsenen werden die Trunkenen Jungfrauen nichts anhaben. Bei Kindern allerdings sollte man vorsichtig sein – auch wenn dieses Dessert noch so gut schmeckt. Denn der Alkoholanteil ist doch erheblich.

Rosinen in einer Schüssel mit kochendem Wasser überbrühen und auf einem Sieb abtropfen lassen. Wieder in die Schüssel geben. Mit Tresterschnaps oder Weinbrand begießen. Zugedeckt quellen lassen. Für den Teig Eiweiß mit Wasser in einer Schüssel zu steifem Schnee schlagen. Nach und nach Zucker, Salz und Zitronenschale einrieseln lassen. Eigelb einzeln unter den Eischnee rühren. Mehl unterziehen.
Kokosfett oder Öl in einem Fritiertopf auf 180 Grad erhitzen. Mit zwei in das heiße Öl getauchten Teelöffeln vom Teig Bällchen abstechen. Immer 6 auf einmal im heißen Fett ausbacken. Mit einem Schaumlöffel rausnehmen, abtropfen lassen und auf Haushaltspapier abfetten. Warm stellen, bis alle Bällchen fertig sind.
Für die Soße Weißwein und Orangensaft mit Zucker und Mandeln in einem Topf unter Rühren aufkochen. Speisestärke mit wenig Wasser verquirlen. In die Soße rühren. Einmal aufkochen lassen. Rosinen mit Flüssigkeit in die Soße geben. Die heiße Soße über die Bällchen gießen. Sofort servieren.

50 g kernlose Rosinen
1 Glas (2 cl) Tresterschnaps oder Weinbrand
Für den Teig:
3 Eiweiß
2 Eßlöffel Wasser
75 g Zucker
1 Prise Salz
abgeriebene Schale einer Zitrone
3 Eigelb
100 g Mehl
500 g Kokosfett oder $^{3}/_{4}$ l Öl zum Fritieren
Für die Soße:
je $^{1}/_{4}$ l Weißwein oder Orangensaft
100 g Zucker
40 g gehackte Mandeln
20 g Speisestärke

 Sie können anstelle des Weißweins auch Rotwein für die Soße verwenden. So oder so ein Genuß!

Pfitzauf

Zutaten für 4 Personen

250 g Mehl
knapp $^1/_2$ l Milch
4 Eier
30 g Zucker
Salz
Margarine zum Einfetten
Puderzucker zum Bestäuben

Der Pfitzauf ist ein kulinarisches Lieblingskind der Schwaben und wird auch Kuchenmichel genannt. Er ist ein leckeres Dessert oder Kaffeegebäck und schmeckt warm genauso gut wie kalt. Gebacken wird er in den traditionellen Pfitzaufförmchen. Wer sie nicht hat, füllt den Teig in feuerfeste Förmchen, Becher oder hohe Tassen.

Mehl in eine Schüssel geben. Mit Milch glattrühren. Nach und nach Eier, Zucker und eine Prise Salz einrühren. 16 Backförmchen gut mit Margarine einfetten. Halb mit Teig füllen. Auf den Backrost stellen und in den vorgeheizten Ofen auf die untere Schiene schieben. 40 Minuten bei 200 Grad backen.
Pfitzaufs aus den Förmchen lösen und auf eine Platte stürzen. Dick mit Puderzucker bestäuben. Beilage: Kirsch-, Pflaumen- oder Apfelkompott. Ißt man die Pfitzaufs kalt, reicht man Schlagsahne oder Sirup dazu.

Reispudding

Milch, Margarine, Zimtstange und Salz in einem Topf aufkochen. Den gewaschenen und gut abgetropften Reis reinschütten und bei schwacher Hitze zugedeckt 30 Minuten quellen lassen. Zimtstange rausnehmen.

Eigelb mit der Hälfte des Zuckers und der Zitronenschale in einer Schüssel schaumig schlagen. In den Reis rühren. Eiweiß mit dem Rest des Zuckers zu steifem Schnee schlagen. Mit den gewaschenen und gut abgetropften Sultaninen unter den Reis heben.

Puddingform und Deckel mit Butter einfetten und mit Zucker ausstreuen. Reis einfüllen. Form schließen und ins kalte Wasserbad setzen. Wasser aufkochen lassen. Pudding darin 75 Minuten bei mittlerer Hitze kochen lassen. Form rausnehmen und in kaltes Wasser tauchen. Form 10 Minuten stehen lassen. Anschließend den Pudding auf eine Platte stürzen.

Während der Pudding kocht, für die Soße Aprikosen mit Saft und Zucker in einen Topf geben. Aufkochen und 5 Minuten kochen lassen. Durch ein Sieb in eine Schüssel passieren. Mit Zitronensaft und Aprikosenlikör oder Rum abschmecken. Heiß zum Pudding servieren. Sie können auch eine andere Fruchtsoße dazu reichen.

Zutaten für 4 Personen

$^1/_2$ l Milch
25 g Margarine
1 Stange Zimt
1 Prise Salz
125 g Rundkornreis
3 Eigelb
50 g Zucker
abgeriebene Schale einer halben Zitrone
3 Eiweiß
75 g Sultaninen
Butter zum Einfetten
Zucker zum Ausstreuen
Für die Soße:
$^1/_2$ Dose Aprikosenhälften (200 g)
50 g Zucker
Saft einer Zitrone
2 Glas (je 2 cl)
Aprikosenlikör oder Rum

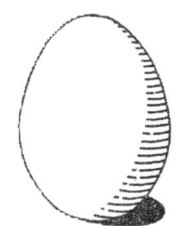

Welfenspeise

Zutaten für 4 Personen

1/2 l Milch
5 gehäufte Eßlöffel Zucker
1/2 Vanilleschote
1 Stück Schale von einer
unbehandelten Zitrone
1 Prise Salz
45 g Stärkemehl
4 Eier, getrennt
1/2 l Weißwein

Die Milch mit 1 gehäuften Eßlöffel Zucker, der aufgeschlitzten Vanilleschote, der Zitronenschale und dem Salz zum Kochen bringen. Die Stärke mit etwas kalter Milch anrühren, dann unter Rühren in die kochende Flüssigkeit gießen und bei leichter Hitze einige Male aufkochen lassen. Vom Herd nehmen, abkühlen lassen.

Eiweiß sehr steif schlagen und unter die noch heiße Creme ziehen. Sofort in eine Glasschüssel oder in 4 gläserne Portionsschalen füllen.

Eigelb und restlichen Zucker in einer Porzellanschüssel zu einer dicklichen Creme verrühren und unter weiterem Rühren den Wein hinzugeben. Die Schüssel auf ein Wasserbad setzen und unter ständigem Schlagen zu einer dickflüssigen Creme werden lassen. Vom Herd nehmen und noch etwas weiterschlagen, bis sie leicht abgekühlt ist. Über die Eiweißcreme füllen und vor dem Auftragen noch 1 Stunde in den Kühlschrank geben.

Man kann die weiße und die gelbe Creme auch schichtweise in Gläser füllen. Das sieht sehr dekorativ aus.

Schnee-Eier auf Vanillecreme

Eigelb und 150 g Zucker mit dem Schneebesen zu einer dicken, schaumigen Creme rühren. Die Milch mit der aufgeschlitzten Vanilleschote in einer dickwandigen Kasserolle zum Kochen bringen, dann gleich vom Herd nehmen. Unter Schlagen mit dem Schneebesen mit der Eigelbmasse vermischen. Die Eiermilch wieder auf den Herd stellen und bei leichter Hitze unter ständigem Schlagen dicklich werden lassen. Sie darf nicht zum Kochen kommen. Sofort vom Herd nehmen, in eine Schüssel mit Eiswürfeln setzen und unter häufigem Schlagen erkalten lassen. In eine große Glasschüssel gießen.

Eiweiß mit einer Prise Salz sehr steif schlagen. Den restlichen Zucker hinzufügen und noch einmal gründlich schlagen, damit der Eischnee wieder ganz fest wird.

Einen flachen Topf mit Wasser zum Kochen bringen. Mit zwei Eßlöffeln größere Klößchen vom Eischnee abstechen und in das Wasser setzen. 45 Sekunden leicht kochen lassen und vorsichtig wenden. Nach weiteren 30 Sekunden vorsichtig mit einem Schaumlöffel herausheben und gut abgetropft direkt auf die Vanillecreme in der Glasschale setzen.

Zutaten für 4 Personen

6 ganz frische Eier, getrennt
200 g Zucker
3/4 l Milch
1 Stück Vanilleschote
Salz

 Man kann als Garnitur etwas Zucker karamelisieren und fadenförmig über die Klößchen ziehen.

Bayrische Creme

Zutaten für 6 Personen

1/4 l Milch
1/2 Vanillestange
3 Eigelb
125 g Zucker
8 Blatt Gelatine
250 g Sahne
Kaiserkirschen,
frische Erdbeeren oder
Himbeeren zum Garnieren

Die bayrische Creme (international als Crème Bavaroise bekannt) können Sie mit Kaiserkirschen (abtropfen lassen), Erdbeeren oder auch mit Himbeeren garnieren.

Milch mit der Vanillestange erhitzen. Von der Kochstelle nehmen. Vanillestange noch 10 Minuten drin ziehen lassen. Dann rausnehmen. Eigelb mit Zucker schaumig rühren. Heiße Milch unter Rühren dazugeben. Gelatine in kaltem Wasser einweichen.
Milchmischung nochmal aufsetzen und bei kleiner Hitze mit dem Schneebesen schlagen. Kurz vorm Kochen vom Feuer nehmen, sonst gerinnt die Creme. Gelatine ausdrücken und reinrühren.
Creme durch ein Spritzsieb in eine Schüssel geben. Erkalten lassen. Dabei mehrmal umrühren, damit sich keine Haut bildet.
Sahne steif schlagen und unter die Creme heben, sobald sie festzuwerden beginnt.
Eine Zylinderform (oder eine andere Form) mit kaltem Wasser ausspülen. Creme reinfüllen. Im Kühlschrank festwerden lassen. Kurz vor dem Servieren auf eine Platte stürzen.

Dieses klassische Dessert wird in Bayern an Festtagen als krönender Abschluß eines Festschmauses serviert.

Hollerkücherl

D iese bayrische Spezialität sollten Sie unbedingt mal zubereiten. Sie schmeckt nicht nur gut, sie sieht auch hübsch aus und ist dazu auch noch ausgesprochen preiswert.

Für den Teig Mehl in eine Schüssel geben. In die Mitte eine Mulde drücken. Salz, Eigelb, Milch und Wasser in einer Schüssel verquirlen. Mischung mit dem Schneebesen nach und nach von der Mitte aus in das Mehl rühren. Teig 30 Minuten ruhen lassen, damit das Mehl quellen kann.
Eiweiß und Vanillinzucker in einer Schüssel mit dem Schneebesen oder dem Elektroquirl steif schlagen und unter den Teig heben. Holunderblütendolden unter kaltem Wasser abspülen. Mit Haushaltspapier vorsichtig trockentupfen.
Butter in einer Pfanne erhitzen. Die Dolden in den Teig tauchen. Jeweils 4 Kücherl in der heißen Butter (Stielende nach oben) backen. Auf Tellern anrichten.
Küchlein mit Puderzucker bestreuen, heiß servieren. Dazu trinkt man in Bayern Milchkaffee.

Zutaten für 4 Personen

Für den Teig:
150 g Mehl
1 Prise Salz
3 Eigelb
$1/4$ l Milch
$1/4$ l Wasser
3 Eiweiß
1 Päckchen Vanillinzucker
12 Holunderblütendolden
Zum Braten:
100 g Butter
Zum Bestreuen:
Puderzucker

Kuchen, Torten und Gebäck

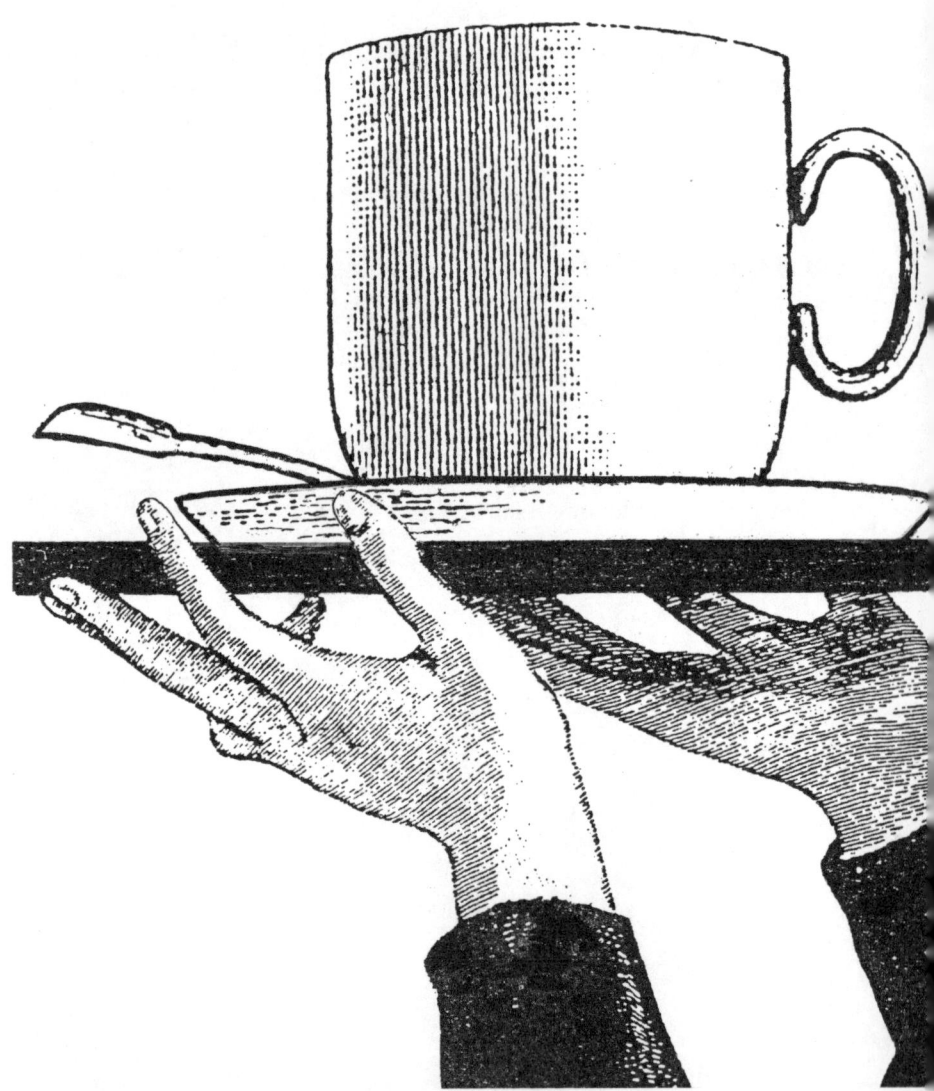

Streuselkuchen

Zutaten

Für den Teig:
500 g Mehl
30 g Hefe
¹/₄ l lauwarme Milch
75 g Zucker
100 g Butter oder Margarine
1 Prise Salz
abgeriebene Schale
einer halben Zitrone
Margarine zum Einfetten
Für die Streusel:
200 g Butter
200 g Zucker
1 Prise Salz
¹/₂ Teelöffel Zimt
300 g Mehl

Seit jeher gehören Streuselkuchen und Bienenstich auf die sonn- und festtägliche Kaffeetafel in Sachsen und Schlesien. Und ebenso lange streiten sich die Gelehrten, welches Land der Urheber dieser saftigen Kuchen ist. Die Berliner haben den Streit für sich entschieden und meinen, echten Streuselkuchen gibt es nur an der Spree. Aber den Spree-Streusel haben vermutlich schlesische Bäcker in die frühere Metropole gebracht. Doch wie dem auch sei: Heute wird Streuselkuchen überall in Deutschland gerne gegessen.

Für den Teig Mehl in eine Schüssel geben. In die Mitte eine Mulde drücken. Hefe reinbröckeln. Mit 4 Eßlöffel lauwarmer Milch, 1 Teelöffel Zucker und etwas Mehl vom Rand zu einem Vorteig verrühren. 15 Minuten zugedeckt an einem warmen Ort aufgehen lassen.
Restliche Milch und Zucker, Butter oder Margarine in Flöckchen, Salz und Zitronenschale in die Schüssel geben. Zuerst verrühren, dann zu einem glatten Teig kneten. Teig so lange schlagen, bis er sich vom Schüsselboden löst. Teig mit etwas Mehl bestäuben und zugedeckt 30 Minuten gehen lassen. Backblech mit Margarine einfetten. Teig draufgeben, ausrollen.
In der Zwischenzeit für die Streusel Butter in Flöckchen in eine Schüssel geben. Zucker, Salz, Zimt und Mehl mischen und über die Butterflöckchen streuen. Mit den Händen zu einem glatten Teig kneten. Dann mit zwei Gabeln schnell zu groben Streuseln zerkrümeln.

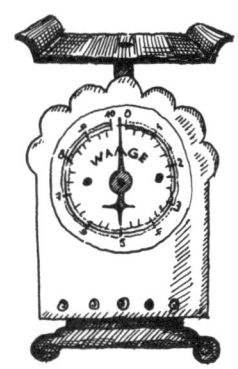

Streusel gleichmäßig auf dem Hefeteig verteilen.
Teig noch einmal 15 Minuten gehen lassen. Auf
die mittlere Schiene in den vorgeheizten Ofen stellen. 25 Minuten bei 220 Grad backen. Blech aus
dem Ofen nehmen. Kuchen auf dem Blech in
25 Stücke schneiden.

Butterkuchen

Manche bestreuen den Butterkuchen nur mit
Zucker, manche mit Zucker und Zimt. Und
die Feinschmecker mit Zucker, Zimt und Mandeln.
Sie können ihn nach Wunsch zubereiten. Klas-
sisch wird er ohne Mandeln gemacht. Aber Butterflöckchen müssen immer vorher auf den Teig.

Mehl in eine Schüssel geben. In die Mitte eine
Mulde drücken. Hefe reinbröckeln. Mit 1 Teelöffel
Zucker, etwas Milch und Mehl einen Vorteig
rühren. 15 Minuten gehen lassen. Restliche Milch
und Salz zugeben. Butter in Flöckchen draufgeben. Zucker drüberstreuen. Zu einem glatten
Teig verarbeiten. Schlagen, bis er glänzt und
Blasen wirft. Auf ein gefettetes Backblech verteilen. Nochmal 20 Minuten aufgehen lassen.
Für den Belag die Butter in Flöckchen auf den
Teig verteilen. Zucker, Zimt und Mandeln mischen. Über den Kuchen streuen. In den vorgeheizten Ofen schieben. 20 Minuten bei 220 Grad
backen.

Zutaten

Für den Teig:
500 g Mehl
30 g Hefe
1 Teelöffel Zucker
1/4 l lauwarme Milch
1 Prise Salz
100 g Butter
75 g Zucker
Für den Belag:
65 g Butter
100 g Zucker
1 Eßlöffel Zimt
100 g blättrige Mandeln

Bienenstich

Für den Teig:
500 g Mehl
30 g Hefe
1 Teelöffel Zucker
gut ³/₈ l Milch
165 g Margarine
65 g Zucker
1 Prise Salz
1 kleines Ei
Margarine zum Einfetten
Für den Belag:
150 g Butter oder Margarine
200 g Zucker
1 Päckchen Vanillinzucker
2 Eßlöffel Milch
150 g blättrige Mandeln
2 Eßlöffel Zitronensaft
Für die Füllung:
1 Päckchen Vanillepudding-
pulver
¹/₂ l Milch
1 Prise Salz
3 Eßlöffel Zucker
150 g Butter

Mehl in die Backschüssel geben. In die Mitte eine Mulde drücken. Hefe reinbröckeln. Einen Teelöffel Zucker drüberstreuen. Handwarme Milch draufgießen. Mit einem Löffel zum Vorteig verrühren.

Mehl drüberstäuben. Margarine in Flöckchen auf den Mehlrand verteilen. Zucker und Salz draufgeben und alle Zutaten kräftig kneten und schlagen, bis der Teig locker und trocken ist. Backblech fetten. Teig darauf ausrollen. Zugedeckt noch 20 Minuten gehen lassen.

Für den Belag Butter oder Margarine, Zucker, Vanillinzucker, Milch, Mandeln und Zitronensaft in einem Topf verrühren. Unter Rühren erhitzen. 5 Minuten kochen und leicht abkühlen lassen. Auf den gegangenen Teig streichen. In den Ofen schieben. 35 Minuten bei 200 Grad backen.

Nach dem Backen den Kuchen vom Blech lösen. Auskühlen lassen. In fünf bis sechs Streifen und dann in etwa 7 cm große Stücke schneiden. Ergibt 40 Stücke.

Jedes Stück durchschneiden. Vanillepudding kochen. Dazu das Puddingpulver mit kalter Milch anrühren. Übrige Milch mit Salz und Zucker aufkochen. Vom Feuer nehmen. Angerührtes Puddingpulver reinrühren. Bis zum Kochen erhitzen. Vom Feuer nehmen und unter gelegentlichem Rühren abkühlen lassen. Butter schaumig rühren. Pudding löffelweise reinmischen. Bienenstichstücke damit füllen. Bis zum Servieren kühlstellen.

Träubleskuchen

Johannisbeeren werden in Schwaben Träuble genannt, und der Träubleskuchen gehört auf den Sonntagskaffeetisch, wenn die Johannisbeeren reif sind. Sicher ist es nicht einfach, den schwäbischen Hausfrauen mit einem Träubleskuchenrezept gerecht zu werden: Jede hat ihr eigenes. Trotzdem, probieren Sie dieses.

Johannisbeeren mit kaltem Wasser gut abspülen. Mit einer Gabel von den Rispen streifen. Auf einem Sieb abtropfen lassen. Beiseite stellen.
Für den Teig Butter oder Margarine in einer Schüssel schaumig rühren, Ei, Zucker, Vanillezucker, Zitronensaft und Salz zugeben. Mehl mit Backpulver mischen und mit der Sahne nach und nach unter den Teig rühren. Der Teig soll schwer reißend vom Löffel fallen.
Eine Springform von 24 cm Durchmesser einfetten. Mit 2 Eßlöffel Semmelbröseln bestreuen. Teig in die Form füllen und mit den restlichen Semmelbröseln bestreuen.
Johannisbeeren in eine Schüssel geben. Eiweiß in einer Schüssel steif schlagen. Zucker nach und nach zugeben. Mandeln unterheben. Die Hälfte der Masse mit den Beeren mischen und auf dem Teig verteilen. Mit dem Rest der Eiweißmasse den Kuchen abdecken. In den vorgeheizten Ofen auf die mittlere Schiene stellen und den Kuchen in ca. 50 Minuten bei 160 Grad goldgelb backen.
Den fertigen, abgekühlten Kuchen dick mit Puderzucker bestreuen. Vor dem Servieren in 12 Stücke schneiden.

Zutaten für 12 Stücke

500 g rote Johannisbeeren
Für den Teig:
40 g Butter oder Margarine
1 Ei
75 g Zucker
1 Päckchen Vanillezucker
Saft einer Zitrone
1 Prise Salz
200 g Mehl
1 Teelöffel Backpulver
2 Eßlöffel Sahne
Margarine zum Einfetten
4 Eßlöffel Semmelbrösel
Für den Belag:
6 Eiweiß
200 g Zucker
125 g gemahlene Mandeln
100 g Puderzucker
zum Bestreuen

Käsekuchen Berliner Art

Zutaten

Für den Teig:
150 g Mehl
3 Eigelb
120 g Zucker
1 Prise Salz
100 g Butter oder Margarine
Für die Käsemasse:
75 g Korinthen
2 Glas (je 2 cl) Rum
500 g Speisequark
100 g Butter
100 g Zucker
abgeriebene Schale
einer Zitrone
4 Eier
Mehl zum Bestäuben
und Ausrollen

Dieser Käsekuchen ist am Bodensee nicht weniger beliebt und geschätzt als in Berlin.

Für den Teig Mehl auf ein Backbrett geben. In die Mitte eine Mulde drücken, Eigelb reingeben. Zucker und Salz auf den Mehlrand streuen. Butter oder Margarine in Flöckchen draufsetzen. Mit einem Teigmesser oder einem großen Küchenmesser alle Zutaten hacken und mischen. Dann mit kühlen Händen schnell einen geschmeidigen Teig kneten. Teig zu einer Kugel formen und zugedeckt 30 Minuten in den Kühlschrank stellen. Während der Kühlzeit die Käsemasse zubereiten. Dazu Korinthen in einem Sieb gründlich abspülen. Gut abtropfen lassen und in einer Schüssel mit Rum quellen lassen. Quark durch ein Sieb in eine Schüssel streichen. Butter in Flöckchen dazu. Zucker und Zitronenschale drüberstreuen. So lange rühren, bis die Butter vollständig untergemischt ist. Dann die Eier dazugeben und weiterrühren, bis eine cremige Masse entsteht. Korinthen abtropfen lassen und ganz trockentupfen. Mit etwas Mehl bestäuben und mit dem Rum in die Käsemasse geben. Mürbeteig auf dem bemehlten Backbrett rund ausrollen und eine Springform (Durchmesser 26 cm) damit auslegen. Teig am Rand etwas hochziehen. Käsemasse einfüllen. Form auf die unterste Schiene in den vorgeheizten Ofen stellen. 70 Minuten bei 180 Grad backen. Kuchen aus dem Ofen nehmen. Springform öffnen. Kuchen auf einem Kuchendraht abkühlen lassen.

Vierländer Apfeltorte

Die aromatischen Vierländer Äpfel aus dem Marschgebiet nahe Hamburg geben dieser Obsttorte aus feinem Rührteig das besondere Aroma. Natürlich können Sie auch andere schmackhafte und saftige Apfelsorten verwenden.

Äpfel waschen, achteln, schälen und entkernen. In einer Schüssel mit einem nassen Küchentuch bedeckt beiseite stellen.
Butter in Flöckchen in eine Schüssel geben.
Zucker, abgeriebene Zitronenschale, Eier, Mehl und Backpulver drübergeben. Milch zugießen.
Alles auf höchster Schaltstufe mit dem Handrührgerät 5 Minuten miteinander verrühren. (Mit der Küchenmaschine 4 Minuten.)
Eine Springform von 30 cm Durchmesser gut mit Margarine einfetten. Teig einfüllen. Apfelschnitze spiralförmig in den Teig stecken. Mit Zucker bestreuen.
Form in den vorgeheizten Ofen auf die mittlere Schiene stellen und den Kuchen 80 Minuten bei 180 Grad backen.
Kuchen aus dem Ofen nehmen und 5 Minuten abkühlen lassen. Dann den Rand lösen, den Kuchen aus der Form heben und auf einem Kuchendraht erkalten lassen. Vor dem Servieren in Stücke schneiden.

Zutaten für 16 Stücke

1 kg Vierländer Äpfel
250 g Butter
250 g Zucker
abgeriebene Schale
einer Zitrone
5 Eier
500 g Mehl
1 Päckchen Backpulver
$^1/_8$ l Milch
Margarine zum Einfetten
50 g Zucker zum Bestreuen

Zwetschgen-Datschi

Zutaten

Für den Teig:
500 g Mehl
30 g Hefe
150 g Zucker
knapp ¹/₄ l lauwarme Milch
1 Ei
1 Prise Salz
75 g Butter oder Margarine
Mehl zum Bestäuben
Öl oder Margarine
zum Einfetten
Für den Belag:
1,5 kg Zwetschgen
50 g Zucker
Außerdem:
50 g Zucker
1 Eßlöffel gemahlener Zimt

Jeder Zwetsch(g)en-Datschi ist ein Zwetschen-kuchen, aber nicht jeder Zwetschenkuchen ist ein Zwetschgen-Datschi. Sagen die Bayern. Und die müssen es wissen, denn sie sind Spezialisten, wenn es um einen Datschi geht. Ganz gleich, mit welcher Obstsorte er belegt wird, Datschi wird meistens aus Hefeteig zubereitet. Übrigens gibt's Datschis nicht nur in Bayern, sondern auch im übrigen süddeutschen Raum.

Für den Teig Mehl in eine Schüssel geben. In die Mitte eine Mulde drücken. Hefe reinbröckeln. Mit 1 Teelöffel Zucker und 3 Eßlöffel Milch zum Vor-teig verrühren. Etwas Mehl vom Rand drüberstäu-ben. Mit einem Küchentuch bedeckt 15 Minuten an einem warmen Platz aufgehen lassen.
Restlichen Zucker, restliche Milch, Ei, Salz und Butter oder Margarine in kleinen Flöckchen zum Vorteig geben. Zu einem glatten Teig kneten. Teig schlagen, bis er Blasen wirft und sich vom Schüs-selrand löst. Mit etwas Mehl bestäuben. Zugedeckt 30 Minuten gehen lassen.
Auf einem mit Öl oder Margarine eingefetteten Backblech ausrollen. An der vorderen Backblech-kante ein Stück Alufolie hochknicken, damit kein Zwetschgensaft runterlaufen kann.
Während der Teig geht, die Zwetschgen waschen, gut abtrocknen und entsteinen. Zwetschgen schuppenartig auf den Teig legen. Mit Zucker be-streuen. Datschi nochmal 15 Minuten gehen lassen. Dann in den vorgeheizten Ofen auf die mittlere Schiene schieben und 30 Minuten bei 220 Grad

backen. Zucker und Zimt auf einem Teller mischen. Zwetschgen-Datschi aus dem Ofen nehmen. Sofort mit dem Zucker-Zimt-Gemisch bestreuen. Etwas abkühlen lassen. Dann in quadratische Stücke schneiden. Auf einem Kuchendraht erkalten lassen. Beilage: Schlagsahne und Kaffee.

Heidelbeer-Datschi

Mehl in eine Schüssel geben. Mulde reindrücken, Hefe reinbröckeln und Zucker draufstreuen. Mit etwas lauwarmer Milch und etwas Mehl vom Rand zu einem Vorteig verrühren. Zugedeckt 20 Minuten gehen lassen. Dann die restliche Milch, Zucker, Margarine in Flöckchen, aufgeschlagenes Ei und Salz reingeben. Zu einem geschmeidigen Teig kneten. Backblech einfetten. Teig darauf ausrollen. Rand an allen Seiten hochziehen. Mit einem frischen Küchentuch bedeckt 20 Minuten gehen lassen.

In der Zwischenzeit die Heidelbeeren in kaltem Wasser schnell waschen. Stiele und Blätter entfernen. (Tiefgekühlte auftauen lassen.) Auf einem Sieb abtropfen lassen. Auch die tiefgekühlten. Auf dem Teig verteilen.

In den vorgeheizten Ofen auf die mittlere Schiene schieben und den Daschi 35 Minuten bei 200 Grad backen.

Rausnehmen. Noch warm mit gesiebtem Puderzukker bestreuen. In quadratische Stücke schneiden.

Zutaten

500 g Mehl
20 g Hefe
2 Teelöffel Zucker
³/₈ l lauwarme Milch
60 g Zucker
125 g Margarine
1 Ei
1 Prise Salz
30 g Margarine zum Einfetten
900 g frische oder
tiefgekühlte Heidelbeeren
200 g Puderzucker

Schwarzwälder Kirschtorte

Zutaten

Für den Schokoladenbiskuit:
6 Eigelb
6 Eßlöffel heißes Wasser
150 g Zucker
1 Päckchen Vanillinzucker
6 Eiweiß
1 Prise Salz
75 g Mehl
75 g Speisestärke
25 g Kakao
Margarine zum Einfetten
Für den Mürbeteig:
150 g Mehl
1 kleines Eigelb
65 g Zucker
$1/2$ Päckchen Vanillinzucker
abgeriebene Schale einer
halben Zitrone
1 Prise Salz
75 g Butter oder Margarine
Zum Bestreichen:
3 Eßlöffel Johannisbeergelee
1 Eßlöffel Kirschwasser
**Für die Füllung und
Garnierung:**
1 Glas entsteinte
Sauerkirschen (460 g)
5 g Speisestärke
6 Eßlöffel Kirschwasser
1 l Sahne
2 Eßlöffel Puderzucker
1 Päckchen Vanillinzucker
20 g Borkenschokolade

Für den Schokoladenbiskuit Eigelb in einer
Schüssel mit heißem Wasser, Zucker und Vanillinzucker schaumig rühren. In einer anderen
Schüssel Eiweiß mit Salz zu steifem Schnee schlagen. Über die Eigelbmasse gleiten lassen.
Mehl, Speisestärke und Kakao in einer Schüssel
mischen. Auf das Eiweiß geben und alles locker
mischen.
Eine Springform von 26 cm Durchmesser einfetten. Teig reinfüllen. Form auf die mittlere Schiene
in den vorgeheizten Ofen schieben. Backzeit:
50 Minuten bei 180 Grad. Form aus dem Ofen
nehmen und den Biskuit lösen. Auf einem
Kuchendraht abkühlen lassen. Während der Biskuit bäckt, den Mürbeteigboden vorbereiten. Mehl
auf eine Arbeitsfläche schütten. In die Mitte eine
Mulde drücken. Eigelb reingeben. Zucker, Vanillinzucker, Zitronenschale und Salz drüberstreuen.
Die gut gekühlte Butter oder Margarine in
Flöckchen auf dem Mehlrand verteilen.
Alles von innen nach außen mit einer Teigkarte
hacken. Dann mit kühlen Händen schnell zu
einem geschmeidigen Teig kneten. Zugedeckt
30 Minuten in den Kühlschrank stellen.
Nun den Boden einer Tortenform von 26 cm
Durchmesser mit dem Teig auslegen. Das macht
man am besten mit den Händen. Den Teig vorher
nicht ausrollen. Form auf die mittlere Schiene in
den vorgeheizten Backofen schieben. Backzeit:
25 Minuten bei 220 Grad. Form rausnehmen.
Boden aus der Form lösen und auf einen Kuchendraht stürzen. Abkühlen lassen.

Johannisbeergelee und Kirschwasser verrühren.
Auf den Mürbeteigboden streichen. Den Schokoladenbiskuit quer einmal durchschneiden. Einen
Boden auf den Mürbeteigboden setzen.
Zum Füllen die Kirschen abtropfen lassen. 12 besonders schöne Kirschen zum Garnieren beiseite
legen. Den Saft auffangen und knapp $^{1}/_{8}$ l abmes-
sen. Saft in einem Topf aufkochen. Speisestärke in
einem Becher mit etwas Saft glattrühren. In den
kochenden Saft rühren. Kurz aufkochen lassen.
Topf vom Herd nehmen. Masse erkalten lassen.
Mit den Kirschen und 2 Eßlöffeln Kirschwasser
mischen. Wenn die Masse ganz kalt ist, auf den
Biskuit streichen.
Die Hälfte der gut gekühlten Sahne mit einem halben Eßlöffel Puderzucker und $^{1}/_{2}$ Päckchen
Vanillinzucker in einer Schüssel sehr steif schlagen. Dann 2 Eßlöffel Kirschwasser reinrühren.
Auf die Kirschen streichen. Den zweiten Biskuit-
boden drauflegen. Torte 20 Minuten in den Kühlschrank stellen.
In der Zwischenzeit die restliche Sahne mit Puderzucker und Vanillinzucker in einer Schüssel steif
schlagen. Mit dem restlichen Kirschwasser
mischen. 6 Eßlöffel Sahne in einen Spritzbeutel
mit Sterntülle füllen.
Torte aus dem Kühlschrank nehmen. Rand und
Oberfläche mit der Sahne bestreichen. Auf der
Oberfläche 12 Stücke markieren. Auf jedes Stück
einen Sahnetupfer (aus dem Spritzbeutel) setzen
und mit je einer Kirsche belegen. Borkenschokolade zerkrümeln. Sahnetupfen damit bestreuen.

Kalte Schnauze

Zutaten

250 g Kokosfett
2 Eier
1 Prise Salz
150 g Puderzucker
4 Eßlöffel Kakao
1 Eßlöffel Instant-Kaffee
1 Glas (2 cl) Rum
abgeriebene Schale
einer Zitrone
24 rechteckige Butterkekse
2 Eßlöffel Pistazien

Ob Sie ihn nun Kalter Kekskuchen, Kellerkuchen, Kalter Hund oder Kalte Schnauze nennen, die phantasievollen Namen meinen alle den gleichen: Nämlich den praktischsten, vielleicht sogar schnellsten Kuchen der Welt. Kekse werden mit Schokoladenmasse zu einem Kuchen zusammengesetzt. Der Backofen ist überflüssig, aber der Kühlschrank ist nötig. Sie sehen, vor diesem Kuchen muß nicht einmal die ganz junge, noch etwas unerfahrene Hausfrau Angst haben.

Kokosfett in einem Topf schmelzen lassen. Eier, Salz und Puderzucker in einer Schüssel schaumig rühren. Kakao und Kaffeepulver unterrühren. Rum und Zitronenschale zugeben. Kokosfett abkühlen lassen. Nach und nach in die Kakaomasse einrühren.
Einen Bogen Alufolie auf dem Tisch ausbreiten. 4 Kekse hintereinander drauflegen Alufolie rundherum zu einem Rand hochbiegen. Kekse mit etwas Schokoladenmasse bestreichen und wieder 4 Kekse drauflegen. Und so weiter, bis alle Kekse verbraucht sind. Oberste Schicht: Schokoladenmasse.
Kuchen in den Kühlschrank stellen und 120 Minuten durchkühlen lassen. Rausnehmen. Vorsichtig aus der Alufolie lösen. Auf eine längliche Glasplatte legen. Für die oberste Schicht Schokoladenmasse Pistazien hacken und über den Kuchen streuen. In dünne Scheibchen aufschneiden und sofort servieren, sonst wird der Kuchen wieder weich.

Gugelhupf

Hefe zerbröckeln, mit Zucker und der halben Menge Milch verrühren, mit 100 g Mehl zu einem Vorteig mischen und zugedeckt an einem warmen Ort 20 Minuten gehen lassen.
Inzwischen die gewaschenen, abgetropften Rosinen in Rum einweichen, Butter und Puderzucker schaumig rühren. Eier, Salz, den Rum von den eingeweichten Rosinen, die restliche Milch und den Rest des Mehls druntermischen und zu einem glatten, glänzenden Teig verarbeiten. Hefevorteig drunterkneten. Den Teig kräftig schlagen, bis er sich vom Schüsselrand löst. Rosinen mit Mehl bestäuben, drunterkneten.
Eine Napfkuchenform von 24 cm Durchmesser und 10 cm Höhe sorgfältig einfetten. Die Mandeln halbieren und mit der Schnittseite nach oben auf dem gerippten Boden der Form gleichmäßig verteilen. Den Teig einfüllen. Die Form soll nur zur Hälfte gefüllt sein. Etwa 2 Stunden zugedeckt an einem warmen, zugfreien Platz gehen lassen, bis der Teig den Rand der Form erreicht hat.
Form in den vorgeheizten Backofen auf die mittlere Schiene stellen und den Kuchen goldbraun backen. Backzeit: 35 Minuten bei 200 Grad.
Kuchen gleich aus der Form lösen und auf einen Kuchendraht stürzen.

Zutaten

40 g Hefe
2 Teelöffel Zucker
1/8 l lauwarme Milch
500 g Mehl
50 kernlose Rosinen
2 Eßlöffel Rum
200 g Butter
90 g Puderzucker
4 Eier
2 Teelöffel Salz
1 Eßlöffel Mehl zum Bestäuben
Margarine zum Einfetten
10 geschälte ganze Mandeln

 Diesen Gugelhupf können Sie auch mit 30 g Puderzucker bestäuben.

Nürnberger Elisenlebkuchen

Zutaten

3 Eier
250 g Farinzucker
1 Päckchen Vanillinzucker
3 Eßlöffel Speisestärke
3 Eßlöffel Mehl
1 Messerspitze Backpulver
$1/2$ Päckchen
Lebkuchengewürz
$1/2$ Fläschchen Rum-Aroma
75 g gewürfeltes Orangeat
125 g ungeschälte
gemahlene Mandeln
125 g gemahlene
Haselnüsse
34 Oblaten
(7 cm Durchmesser)
Für die helle Glasur:
75 g Puderzucker
1 Eßlöffel heißes Wasser
Für die dunkle Glasur:
100 g Kuvertüre
30 g Hagelzucker zum
Bestreuen
17 geschälte Mandeln

Eier in einer Schüssel schaumig schlagen. Zucker und Vanillinzucker nach und nach zugeben. Schlagen, bis die Masse cremig wird. Speisestärke, Mehl, Backpulver, Lebkuchengewürz, Rum-Aroma, Orangeat, Mandeln und Haselnüsse zugeben. Gut verrühren. Auf jede Oblate ein Teighäufchen setzen. Aufs Backblech legen. In den vorgeheizten Ofen auf die mittlere Schiene schieben. Backzeit: 25 Minuten bei 160 Grad. In der Zwischenzeit für die helle Glasur Puderzucker in eine Schüssel sieben. Mit heißem Wasser verrühren. Für die Schokoladenglasur Kuvertüre im Wasserbad auflösen. Blech aus dem Ofen nehmen. Lebkuchen auf einen Kuchendraht geben. Die Hälfte mit der hellen, die restlichen mit der Schokoladenglasur bestreichen. Auf die helle Glasur Hagelzucker streuen. In die Lebkuchen mit Schokoladenglasur je eine Mandel drücken. Ergibt 34 Stück.

Eberswalder Spritzkuchen

Für den Teig das Wasser mit der Butter und dem Salz in einem Topf aufkochen und das Mehl auf einmal in die kochende Flüssigkeit schütten. Bei schwacher Hitze rühren, bis sich der Teigkloß vom Topfboden löst. Vom Herd nehmen und unter Rühren ein Ei nach dem anderen hinzufügen. Den Brandteig in einen Spritzbeutel mit breiter Tülle oder in eine große Spritztülle füllen. Das Ausbackfett auf 180 Grad erhitzen. Von dem Teig auf ein gefettetes Pergamentpapier Ringe spritzen und diese sofort, mit der Oberseite nach unten, vorsichtig mit dem Papier in das heiße Fett geben. Wenn die Teigringe sich vom Papier gelöst haben, dieses herausnehmen und die Spritzkuchen von beiden Seiten goldgelb backen. Mit einem Schaumlöffel aus dem Fett nehmen und auf Küchenpapier abtropfen lassen.

Für den Guß den gesiebten Puderzucker mit Rum und Wasser so lange verrühren, bis der Guß glatt und glänzend ist. Die Spritzkuchen sofort mit dem Guß überziehen.

Zutaten für 12 Stück

Für den Teig:
1/4 l Wasser
50 g Butter
1 Prise Salz
150 g Weizenmehl
4–5 Eier
Für den Guß:
150 g Puderzucker
1 Eßlöffel Rum
1–2 Eßlöffel Wasser
Außerdem:
Fett zum Ausbacken

Dresdner Christstollen

Zutaten

1 kg Weizenmehl
1 Telöffel Salz
40 g frische Hefe
1/4 l lauwarme Milch
250 g Butter
150 g Schweineschmalz oder
ausgelassener Kalbsnierentalg
150 g Zucker
1 Eigelb
etwas abgeriebene Schale von
1 unbehandelten Zitrone
200 g Mandeln
10 g bittere Mandeln
(können auch entfallen)
125 g Zitronat
500 g Rosinen
150 g Butter zum Bestreichen
150 g Puderzucker
zum Bestreuen

Die ersten Christstollen wurden nach Angaben in einer Chronik 1457 in der Küche des Schlosses Hartenstein bei Torgau gebacken. Dresdner Christstollen waren schon zu einer Zeit, als es noch keine modernen Transportmittel gab, ein beliebter Versandartikel. Je länger sie unterwegs waren, desto besser schmeckten sie.

Das Mehl in einer Schüssel mit dem Salz vermischen. In die Mitte eine Vertiefung drücken. Die Hefe hineinbröckeln und mit der Hälfte der Milch und etwas Mehl zu einem Vorteig verrühren. Zugedeckt an einem warmen Ort 30 Minuten aufgehen lassen.
Die Butter sowie das Schmalz oder den Kalbsnierentalg in der restlichen Milch schmelzen lassen und an den Teig geben. Zucker, Eigelbe und Zitronenschale hinzufügen. Alles zu einem glatten Teig verarbeiten und so lange schlagen, bis er sich vom Schüsselboden löst. Zugedeckt an einem warmen Ort gut 1 Stunde gehen lassen.
Inzwischen Mandeln mit kochendem Wasser überbrühen und abziehen, dann grob hacken. Das Zitronat fein schneiden, die Rosinen waschen. Mandeln, Zitronat und Rosinen unter den Teig kneten. Den Stollenteig zu einer runden Platte ausrollen und von beiden Seiten so übereinanderschlagen, daß eine Stollenform entsteht. Den Stollen leicht zusammendrücken. Den Stollen einige Stunden oder über Nacht ruhen lassen.
Den Backofen 10 Minuten auf 190 Grad vorheizen. Das Backblech mit Backpapier auslegen. Den

Stollen auf das Backblech setzen und auf der unteren Schiene des Backofens in $1^1/4$ bis $1^1/2$ Stunden schön braun backen. Mit einer Spicknadel prüfen, ob der Stollen gar ist.

Die Butter in einem Topf zerlassen. Den Stollen nach dem Backen auf ein Kuchengitter legen. Noch warm mit der Hälfte der Butter bestreichen und mit der Hälfte des Puderzuckers bestäuben. Diesen Vorgang nach 5 Minuten wiederholen. Den Stollen vor dem Verzehr in Alufolie verpackt 2 Wochen liegen lassen.

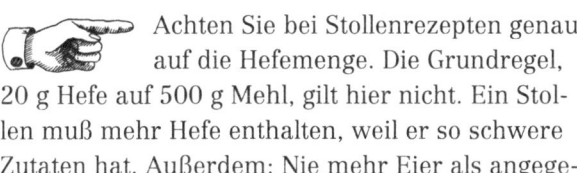 Achten Sie bei Stollenrezepten genau auf die Hefemenge. Die Grundregel, 20 g Hefe auf 500 g Mehl, gilt hier nicht. Ein Stollen muß mehr Hefe enthalten, weil er so schwere Zutaten hat. Außerdem: Nie mehr Eier als angegeben nehmen, sonst wird Hefestollen trocken.

Rezeptverzeichnis

Genehmigte Sonderausgabe 1998 für Orbis Verlag für Publizistik GmbH, München

© 1995 Mosaik Verlag GmbH München
Satz: Filmsatz Schröter München
Druck und Bindung:
Spiegel Buch Ulm
Printed in Germany
ISBN 3-572-00865-4